GUÍA DE LAS NACIONES UNIDAS PARA EL MODELO ONU

Guía de las Naciones Unidas para el Modelo ONU

Publicado por las Naciones Unidas
New York, New York 10017, Estados Unidos de América
Correo electrónico: publications@un.org
Sitio web: www.shop.un.org

ISBN: 978-921154-961-4
eISBN: 978-921159-791-2

Venta de Publicaciones de las Naciones Unidas N°. S.20.I.3

Se agradece la contribución de ProZ Pro Bono en la traducción al español de esta edición (Traducción a cargo de Micaela Ileana Ruiz; edición a cargo de Fiorella Parodi).

TABLA DE CONTENIDOS

Capítulo 1

INTRODUCCIÓN

DELEGADA QUE REPRESENTA A LA REPÚBLICA CHECA HABLA EN EL MODELO ONU. FOTO DE LA ONU / JEAN MARC FERRÉ

El Modelo de las Naciones Unidas, también conocido como Modelos ONU o MNU (Modelo de las Naciones Unidas), es una actividad extracurricular popular en la que los estudiantes representan delegados ante las Naciones Unidas, simulan comités de la ONU y aprenden sobre diplomacia, relaciones internacionales, cuestiones de actualidad mundial y la ONU misma. Se estima que cientos de miles de estudiantes de todo el mundo participan cada año en conferencias del MNU en todos los niveles educativos, desde los institutos hasta las universidades. Muchos de los líderes actuales en derecho, gobierno, negocios, humanidades y las artes participaron en tales simulaciones cuando eran estudiantes.

A lo largo de las últimas siete décadas, las conferencias del MNU han ayudado a los estudiantes a desarrollar habilidades de oratoria, escritura e investigación. A menudo, proporcionan a los estudiantes su primer contacto con asuntos internacionales así como conceptos que incluyen la paz y la seguridad, los derechos humanos, el desarrollo y el marco legal. Al aprender sobre la ONU como institución, su papel en asuntos mundiales y la diplomacia involucrada en las decisiones de la ONU, los estudiantes también comprenden la importancia de abordar los problemas desde la perspectiva de los demás. De hecho, muchos estudiantes han descrito su participación en el MNU como una experiencia que cambió sus vidas, ya que influyó en sus perspectivas del mundo, impactó en la elección de una carrera a futuro y/o les permitió construir una red internacional de amigos y contactos que continúan siendo parte de sus vidas.

En 2009, la ONU organizó su primer Modelo de Naciones Unidas Global. Muchos de los participantes eran experimentados en el MNU y se sorprendieron al descubrir que el Modelo de Naciones Unidas organizado por la ONU era bastante diferente a cómo ellos lo conocían cuando participaron anteriormente. En realidad, muchos Modelos de las Naciones Unidas no han seguido con precisión las normas y prácticas reales utilizadas en la ONU. Por lo tanto, este libro está diseñado para ayudar a los estudiantes y profesores aspirantes del MNU con los aspectos prácticos de organizar y participar en simulaciones más alineadas con la forma en que la ONU realmente funciona.

Uno de los desafíos reales para los entusiastas competitivos del Modelo de las Naciones Unidas es negociar para lograr *consenso* y no ganar por una simple mayoría. En el mundo real, la Asamblea General busca encontrar un ámbito común, donde todos los Estados Miembros se sientan incluidos, y no que se trate de ganadores y perdedores. Si algunas delegaciones consiguen aprobar una resolución a expensas de otras, eso no se ve como una victoria, sino como una oportunidad perdida. Los Estados Miembros consideran muy importante adoptar una resolución que tenga el acuerdo más amplio posible.

Este libro contiene mucho de lo que se ha aprendido sobre cómo lograr una simulación adecuada de las Naciones Unidas de hoy en día. Para asegurar que los líderes y asesores puedan organizar simulaciones precisas de las reuniones de la ONU, el libro proporciona información sobre la estructura de la ONU; tendencias recientes sobre cómo se negocian y adoptan las resoluciones y los roles que desempeñan el consenso y la diplomacia en los procedimientos y procesos de la toma de decisiones de la ONU.

Las Naciones Unidas animan a todos los estudiantes, participantes o no del MNU, a involucrarse directamente en los temas de la agenda de las Naciones Unidas, particularmente en la Agenda 2030 y los 17 Objetivos de Desarrollo Sostenible (ODS). Hay muchas formas en que los jóvenes pueden tomar medidas sobre los desafíos globales analizados y debatidos en las simulaciones del MNU, para ir un paso más allá y convertirse en ciudadanos comprometidos. Para obtener algunas ideas, iniciativas y recursos, visita www.un.org/youth.

Valor Educativo de las Conferencias del MNU

Las conferencias del Modelo de las Naciones Unidas ayudan a los estudiantes a desarrollar habilidades de oratoria, escritura e investigación. Además, a menudo proporcionan a los estudiantes su primer punto de partida en asuntos y conceptos internacionales. Estos asuntos y conceptos incluyen la paz y la seguridad, los derechos humanos, el desarrollo y el marco legal.

Sin embargo, las conferencias del MNU también pueden enseñar a los estudiantes sobre la ONU como institución, su papel en los asuntos mundiales y la diplomacia involucrada en las decisiones de la ONU.

Algunas conferencias del MNU utilizan Reglas de Procedimiento que no brindan a los estudiantes una imagen o apreciación verdadera de cómo funciona la ONU. Este libro tiene como objetivo proporcionar una guía integral para ayudar a los programas del MNU a organizar conferencias que sean más precisas. También tiene como objetivo brindar a los estudiantes la oportunidad de aprender sobre el papel que desempeña la diplomacia en el proceso de la toma de decisiones de la ONU.

Esperamos que en esta Guía encuentres un recurso útil.

RESUMEN DE ESTA GUÍA

Para Quién es esta Guía

La Guía está escrita principalmente para líderes estudiantiles y asesores del Modelo de las Naciones Unidas que organizan conferencias del MNU. El objetivo de la Guía es proporcionar información sobre la estructura de la ONU, así como sus procedimientos y procesos de toma de decisiones, para que los líderes y asesores puedan organizar simulaciones precisas de las reuniones de la ONU. Al mismo tiempo, gran parte del material en los anexos (por ejemplo, La ONU Esencial, Estructura de la ONU) es útil para los estudiantes que deseen aprender más sobre las conferencias del Modelo de las Naciones Unidas y la ONU.

Cómo esta Guía Difiere de otras Guías del MNU

El MNU se estableció aproximadamente al mismo tiempo que se creó la ONU, algunos dicen que incluso antes. Sin embargo, inicialmente el MNU no fue monitoreado por la ONU. La primera vez que una conferencia del Modelo de las Naciones Unidas fue copatrocinada por la ONU fue en agosto de 2000, en la sede de la ONU en Nueva York. La ONU posteriormente organizó tres conferencias del Modelo Global de Naciones Unidas (MNU) en 2009-2011. Estas tres conferencias llevaron a la creación de nuevas Reglas de Procedimiento y a un nuevo enfoque para la realización de conferencias del Modelo de las Naciones Unidas. Esta Guía se basa en el enfoque pionero de las tres conferencias.

Esta Guía presenta una estructura de liderazgo y responsabilidades que reflejan con mayor precisión la relación entre la AG y la Secretaría de la ONU. Como resultado, los líderes estudiantiles desempeñan un papel de mayor importancia en estas conferencias que en las conferencias de algunos otros Modelos de las Naciones Unidas.

En segundo lugar, utiliza Reglas de Procedimiento que son mucho más similares a las utilizadas en la ONU. Aunque hay cierta variedad en las Reglas de Procedimiento utilizadas por los programas del MNU, en su mayoría, se basan en Reglas de Procedimiento que son diferentes a las utilizadas en la ONU. Las Reglas de Procedimiento de la Asamblea General no incluyen muchos de los puntos y mociones utilizados durante muchas conferencias del MNU, como Puntos de Información, Puntos de Privilegio Personal o Puntos de Consulta. En

CIENTOS DE ESTUDIANTES DE SECUNDARIA DE 23 PAÍSES ASISTEN AL MNU EN EL SALÓN DE LA ASAMBLEA GENERAL DE LA ONU. FOTO DE LA ONU / ESKINDER DEBEBE

algunos casos, los procedimientos infringen los derechos soberanos de los Estados Miembros y, por lo tanto, no son apropiados para las conferencias de la Asamblea General (AG) o del Consejo de Seguridad (CS).

En tercer lugar, la mayoría de las decisiones adoptadas por la AG y el CS se toman por consenso, es decir, sin realizar una votación. La estructura de liderazgo y las Reglas de Procedimiento deberían apoyar un entorno de trabajo que aliente a los delegados a construir un consenso. Esta Guía introduce nuevas ideas sobre cómo las conferencias del MNU pueden fomentar la construcción de un consenso.

Cómo Utilizar esta Guía

La Guía se compone de tres secciones principales e interrelacionadas: estructura, procedimientos y procesos.

La sección sobre la estructura se centra en dos órganos principales de la ONU: la AG y el CS. La información está diseñada para ayudar a los organizadores de programas del MNU a decidir sobre la estructura de liderazgo adecuada.

La sección sobre los procedimientos se centra en cómo adaptar las Reglas de Procedimiento utilizadas en las reuniones reales de la AG a una conferencia del MNU, donde los plazos para tomar decisiones son mucho más cortos. También destaca las diferencias entre las reglas utilizadas en la mayoría de los programas del MNU y las utilizadas en la ONU.

La sección sobre procesos se centra en una amplia gama de temas, estos incluyen:

- La importancia de construir un consenso.
- Cómo presidir una reunión del Comité.
- Cómo redactar y presentar resoluciones y enmiendas.
- Cómo escribir guiones para el Presidente de la Asamblea General (PAG) y los Presidentes del Comité.
- El arte de la negociación.

El contenido tiene como objetivo proporcionar una visión general de las habilidades necesarias para llevar a cabo una conferencia interesante y exitosa.

CÓMO SE TOMAN LAS DECISIONES EN LA ONU

La sesión anual de la AG se abre cada año el tercer martes de septiembre y dura un año. El trabajo de la AG sigue un ciclo de (1) debate, (2) negociación, (3) decisión, (4) implementación e (5) informe. La mayoría de las conferencias del MNU se centran exclusivamente en las tres primeras fases del ciclo.

Hay tres componentes generales en el proceso de la toma de decisiones que son cruciales para que cualquier persona que participe en una conferencia del MNU comprenda: el debate, la negociación y la toma de decisiones. Esta sección proporcionará una visión general de estos tres componentes y destacará qué aspectos se consideran importantes para que se incluyan en las conferencias del MNU. Además, destacará lo que se pierde en la mayoría de las conferencias cuando se descuida la fase de implementación.

Establecer la Agenda de la AG

Al comienzo de cada nueva sesión de la AG, la plenaria de la AG y sus seis Comités Principales reciben los temas de la agenda a considerar. Los temas en la agenda de la ONU representan los asuntos prioritarios de la AG. El objetivo principal de cada sesión de la AG es tomar medidas sobre cada tema de la agenda que haya sido asignado a la AG para su consideración. "Considerar" un tema de agenda implica primero analizar el tema y luego adoptar una o más resoluciones sobre ese tema.

Según el Artículo 10 de la Carta de la ONU, que define las funciones y poderes de la AG, *"La Asamblea General podrá discutir cualquier asunto o cuestiones dentro de los límites de esta Carta o que se refieran a los poderes y funciones de cualquiera de los órganos creados por esta Carta, y salvo lo dispuesto en el Artículo 12 podrá hacer recomendaciones a los Miembros de las Naciones Unidas o al Consejo de Seguridad, o a ambos, sobre tales cuestiones o asuntos"*. En otras palabras, las resoluciones adoptadas por la AG sobre los temas de la agenda se consideran recomendaciones. No son legalmente vinculantes para los Estados

PARTICIPANTES DEL MNU EN EL SALÓN DE LA AG DE LA ONU. FOTO DE LA ONU / LOEY FELIPE

Miembros. Las únicas resoluciones que pueden ser legalmente vinculantes son aquellas adoptadas por el CS.

Por qué el Consenso es tan Importante

Los Estados Miembros consideran muy importante adoptar una resolución que tenga el acuerdo más amplio posible entre dichos Estados Miembros. Antes de tomar medidas sobre un proyecto de resolución, los Estados Miembros pasan horas debatiendo acerca de cada palabra en la resolución para llegar a un acuerdo sobre el texto. Cuando se alcanza el consenso sobre el texto en la AG, todos los Estados Miembros acuerdan adoptar el proyecto de resolución sin someterlo a votación. Adoptar un proyecto sin votación es la definición más básica de lo que significa consenso. Si 192 Estados Miembros están de acuerdo con el texto pero solo un Estado Miembro solicita una votación, entonces no se alcanza el consenso.

Si una resolución de la AG no es legalmente vinculante, entonces la mejor manera de alentar a todos los Estados Miembros a implementar las recomendaciones expresadas en una resolución es lograr que acuerden el mismo texto. Cuando una resolución es adoptada por una mayoría simple, es menos probable que los Estados Miembros que no votaron a favor de una resolución sobre un tema en particular, implementen las acciones sobre ese tema.

Cuando la ONU fue creada en 1945, solo había 51 Estados Miembros y las resoluciones se obtenían mediante votación. Hoy en día, hay 193 Estados Miembros y aproximadamente el 80 % de las resoluciones de la AG se obtienen por consenso.

Cuando se adoptan resoluciones mediante votación, solo se necesita que la mayoría esté de acuerdo con el texto de una resolución. No es necesario preocuparse o intentar entender las perspectivas de la minoría que no está de acuerdo. Este proceso divide.

Cuando se adoptan resoluciones por consenso, se debe tener en cuenta el punto de vista de todos y participar en negociaciones que a menudo resultan en compromisos, para que se tomen en consideración diferentes puntos de vista. Este proceso es inclusivo.

Dado el drástico aumento del número de Estados Miembros a lo largo del tiempo, alcanzar el acuerdo más amplio posible es hoy más vital que nunca. Dado que las resoluciones de la AG son recomendaciones y no son jurídicamente vinculantes, alcanzar un consenso ha contribuido a garantizar la aplicación más amplia posible de las decisiones de la AG.

En algunas conferencias del MNU, los delegados ni siquiera consideran la implementación. Por lo tanto, los delegados no aprenden el valor de alcanzar un consenso sobre la votación. La mayoría de las resoluciones en una conferencia del MNU se adoptan mediante votación. Este funcionamiento no refleja cómo ha cambiado la ONU. Además, al valorar la votación sobre alcanzar un consenso, la mayoría de las conferencias no reflejan el proceso de negociación que se requiere para alcanzar un consenso. No se puede entender verdaderamente a la ONU como institución sin entender su proceso de toma de decisiones. Esta Guía tiene como objetivo ayudar a los organizadores a modificar sus conferencias de la AG para que reflejen estos cambios.

Como se mencionó anteriormente, el consenso se alcanza cuando todos los Estados Miembros han acordado adoptar el texto de un proyecto de resolución sin someterlo a votación. Sin embargo, alcanzar un consenso no es lo mismo que ser unánime. Es importante tener en cuenta que el consenso no significa que todos los Estados Miembros estén de acuerdo con cada palabra o párrafo en el proyecto de resolución. Los Estados Miembros pueden estar de acuerdo en adoptar un proyecto de resolución sin votación pero aún tener reservas o reparos. Lo importante es que no haya nada tan inaceptable en la resolución como para que los Estados Miembros consideren que deba someterse a votación.

Cuando los Estados Miembros tengan reparos sobre los elementos de un proyecto de resolución que han acordado adoptar por consenso, aquellos que no sean partidarios de la resolución, tienen la oportunidad de explicar su posición.

Capítulo 2

UN VISTAZO A LAS NACIONES UNIDAS

LA SEDE DE LAS NACIONES UNIDAS EN NUEVA YORK. FOTO DE LA ONU / ANDREA BRIZZI

Cuando se fundaron las Naciones Unidas por primera vez, contaban con 51 miembros. En 2020, cuenta con 193 miembros. El miembro más reciente, la República de Sudán del Sur, se unió a la organización en julio de 2011.

Las 195 banderas que ondean fuera de la Sede de las Naciones Unidas en Nueva York están ordenadas alfabéticamente en inglés. Representan a los 193 Estados Miembros, así como a dos Estados Observadores (la Santa Sede y el Estado de Palestina).

El término "Naciones Unidas" fue acuñado por el presidente de los Estados Unidos, Franklin Delano Roosevelt, en 1941. El término se usó oficialmente por primera vez el 1 de enero de 1942.

Cómo un Estado se Convierte en Miembro de la ONU

El artículo 4 de la Carta de la ONU estipula que *"podrán ser Miembros todos los Estados amantes de la paz que acepten las obligaciones consignadas en esta Carta, y que, a juicio de la Organización, estén capacitados para cumplir dichas obligaciones y se hallen dispuestos a hacerlo"*.

Un Estado que busca ser miembro de la ONU debe presentar, en primer lugar, una solicitud al Secretario General. El Estado también debe hacer una

MODELO ANUAL BILINGÜE DE LA ONU FERMNU ORGANIZADO POR LYCÉE INTERNACIONAL DE FERNEY-VOLTAIRE, FRANCIA, Y ORGANIZACIONES DE LA ONU CON SEDE EN GINEBRA. FOTO DE LA ONU / JEAN-MARC FERRÉ

declaración formal, en la que afirma que acepta las obligaciones en calidad de Estado Miembro, tal como se establece en la Carta de la ONU. El CS considera la solicitud. Cualquier recomendación para la admisión debe recibir nueve votos afirmativos de los miembros del Consejo y no debe haber veto ni voto negativo de ninguno de los cinco miembros permanentes.

Si el CS recomienda la admisión del Estado a la ONU, la recomendación se presenta a la AG para su consideración. Se requiere una mayoría de dos tercios de los votos para la admisión. La calidad de Estado Miembro en la ONU se hace efectiva en la fecha en que se adopta la resolución de admisión.

Emblema y Bandera de la ONU

El diseño del emblema de la ONU fue aprobado por la AG el 7 de diciembre de 1946. Consiste en un mapa del mundo rodeado por dos ramas de olivo. Las ramas de olivo son antiguos símbolos griegos de paz. El mapa del mundo ilustra el trabajo de la ONU hacia la paz mundial. Para prevenir el uso indebido del emblema de la ONU, este no puede ser utilizado sin la autorización del Secretario General.

El 20 de octubre de 1947, la AG adoptó una resolución sobre la bandera de la ONU. La resolución establecía que la bandera de la ONU llevaría el emblema de la ONU sobre un fondo azul claro (consulta la página 63).

Carta de la ONU

La Carta de la ONU identifica los derechos y obligaciones de los Estados Miembros. También establece los principales órganos y procedimientos de la ONU.

Lee más sobre la Carta de las Naciones Unidas aquí:

https://www.un.org/es/about-us/un-charter

La ONU comenzó a existir oficialmente el 24 de octubre de 1945, después de la Segunda Guerra Mundial, cuando las naciones de todo el mundo ratificaron la Carta de la ONU. En conmemoración de este histórico compromiso por la paz mundial, el Día de las Naciones Unidas se celebra anualmente el 24 de octubre.

Lee más sobre la historia de las Naciones Unidas aquí: *https://www.un.org/es/about-us/history-of-the-un*

Estructura de la ONU

La Carta de la ONU establece los seis órganos principales de la ONU: la Asamblea General (AG), el Consejo de Seguridad (CS), el Consejo Económico y Social (ECOSOC), el Consejo de Administración Fiduciaria, la Corte Internacional de Justicia (CIJ) y la Secretaría de la ONU.

Para obtener más información sobre la estructura de la Organización, consulta el Organigrama del Sistema de las Naciones Unidas al final de esta Guía.

Cinco de los seis órganos principales de la ONU —la AG, el CS, el ECOSOC, el Consejo de Administración Fiduciaria y la Secretaría de la ONU— tienen sus oficinas en la sede de la ONU en Nueva York. El sexto, la Corte Internacional de Justicia, se encuentra en La Haya, Países Bajos.

La ONU no es ni un supraestado ni un gobierno de gobiernos. No tiene un ejército y no recauda impuestos. Depende de la voluntad política y las contribuciones de sus Estados Miembros para llevar a cabo sus actividades.

Los seis órganos de la ONU son los siguientes:

Asamblea General (AG)

La AG es el órgano principal de la ONU. Está compuesta por representantes de todos los Estados Miembros. Cada Estado Miembro tiene un voto. **Lee más sobre la AG aquí:** *https://www.un.org/es/ga/*

Consejo de Seguridad (CS)

El CS es responsable principalmente del mantenimiento de la paz y la seguridad internacionales. Cuenta con 15 Miembros, cada Miembro tiene un voto. Todos los Estados Miembros deben obedecer las decisiones del CS. **Lee más sobre el CS aquí:** *https://main.un.org/securitycouncil/es*

Consejo Económico y Social (ECOSOC)

En el ECOSOC se tratan los desafíos económicos, sociales y ambientales del mundo y es donde se debate acerca de ellos. El ECOSOC también recomienda políticas. *https://ecosoc.un.org/es*

Consejo de Administración Fiduciaria

El Consejo de Administración Fiduciaria fue establecido para proporcionar supervisión internacional a 11 territorios. Por ejemplo, el Consejo de Administración Fiduciaria supervisaba que se tomaran medidas adecuadas para preparar los Territorios para la autogestión o la independencia. *https://www.un.org/es/about-us/trusteeship-council*

Corte Internacional de Justicia (CIJ)

La Corte Internacional de Justicia es el órgano judicial principal de la ONU. La Corte se encarga de resolver disputas legales entre Estados y de proporcionar opiniones consultivas. *https://www.icj-cij.org/es*

Secretaría de la ONU

La Secretaría de la ONU lleva a cabo el trabajo diario de la ONU. Presta servicios a los otros órganos principales de la ONU y administra sus programas y políticas. *https://www.un.org/es/about-us/secretariat*

Sistema de Organizaciones de la ONU

El sistema de la ONU es mucho más grande que los seis órganos principales analizados anteriormente. Abarca agencias especializadas, numerosos programas, fondos, entidades e institutos.

El Fondo Monetario Internacional, el Banco Mundial y otras organizaciones conocidas como "agencias especializadas" están vinculadas a la ONU mediante acuerdos de cooperación. Estas agencias son organismos autónomos creados por acuerdo intergubernamental. Tienen amplias responsabilidades internacionales relacionadas con la economía, la educación, la atención sanitaria y otras áreas.

Algunas de estas agencias, como la Organización Internacional del Trabajo y la Unión Postal Universal, son más antiguas que la propia ONU.

Además, varias oficinas, programas y fondos de la ONU trabajan para mejorar las condiciones económicas y sociales de las personas en todo el mundo. Estas informan a la AG o al ECOSOC.

Todas estas organizaciones tienen sus propios órganos de gobierno, presupuestos y secretarías. Junto con la ONU, se las conoce como el conjunto de órganos de la ONU o el sistema de la ONU. Proporcionan asistencia técnica y formas de ayuda práctica en casi todas las áreas económicas y sociales.

Las organizaciones autónomas vinculadas a la ONU mediante acuerdos especiales incluyen:

- FAO (Organización de las Naciones Unidas para la Alimentación y la Agricultura): Trabaja para mejorar la productividad agrícola y la seguridad alimentaria, así como para mejorar el nivel de vida de las poblaciones rurales.
- OIEA (Organismo Internacional de Energía Atómica): Trabaja para promover el uso seguro y pacífico de la energía atómica.
- OACI (Organización de Aviación Civil Internacional): Establece normas internacionales para la seguridad, protección y eficiencia del transporte aéreo. Además, actúa como coordinadora de la cooperación internacional en todas las áreas de aviación civil.
- FIDA (Fondo Internacional de Desarrollo Agrícola): Moviliza recursos financieros para aumentar la producción de alimentos y los niveles de nutrición entre quienes viven en la pobreza en los países en desarrollo.
- OIT (Organización Internacional del Trabajo): Formula políticas y programas para mejorar las condiciones laborales y las oportunidades de empleo. También establece normas laborales utilizadas por países de todo el mundo.
- FMI (Fondo Monetario Internacional): Facilita la cooperación monetaria internacional y la estabilidad financiera. También proporciona un

foro permanente para la consulta, el asesoramiento y la asistencia en cuestiones financieras.

- OMI (Organización Marítima Internacional): Trabaja para mejorar los procedimientos de transporte marítimo internacional, elevar los estándares de seguridad marina y reducir la contaminación causada por los barcos.
- UIT (Unión Internacional de Telecomunicaciones): Fomenta la cooperación internacional para mejorar las telecomunicaciones de todo tipo. También coordina el uso de frecuencias de radio y televisión, promueve medidas de seguridad y realiza investigaciones.
- UNESCO (Organización de las Naciones Unidas para la Educación, la Ciencia y la Cultura): Promueve la educación para todos, el desarrollo cultural y la protección del patrimonio natural y cultural del mundo. Además, apoya la cooperación internacional en ciencia y la libertad de prensa.
- ONUDI (Organización de las Naciones Unidas para el Desarrollo Industrial): Promueve el avance industrial de los países en desarrollo a través de la asistencia técnica, servicios de asesoría y capacitación.
- UPU (Unión Postal Universal): Establece reglamentos internacionales para los servicios postales, proporciona asistencia técnica y promueve la cooperación en asuntos postales.
- OMS (Organización Mundial de la Salud): Coordina programas para abordar los desafíos de salud. Trabaja en áreas como la inmunización, la educación sanitaria y el suministro de medicamentos esenciales.
- OMPI (Organización Mundial de la Propiedad Intelectual): Promueve la protección internacional de la propiedad intelectual y fomenta la cooperación en áreas como derechos de autor, marcas comerciales, diseños industriales y patentes.
- OMM (Organización Meteorológica Mundial): Promueve la investigación científica sobre la atmósfera terrestre y el cambio climático. Además, facilita el intercambio global de datos meteorológicos.
- Banco Mundial: Otorga préstamos y asistencia técnica a países en desarrollo para reducir la pobreza y promover un crecimiento económico sostenible.
- OMT (Organización Mundial del Turismo): Funciona como un espacio global para abordar políticas turísticas y como una valiosa fuente de conocimientos prácticos en el ámbito del turismo.

Los Cuatro Pilares de la ONU

El fundamento sobre el cual se creó la ONU se describe en el preámbulo de la Carta de las Naciones Unidas:

NOSOTROS LOS PUEBLOS DE LAS NACIONES UNIDAS RESUELTOS

- *A preservar a las generaciones venideras del flagelo de la guerra que dos veces durante nuestra vida ha traído a la Humanidad sufrimientos indecibles,*
- *A reafirmar la fe en los derechos fundamentales del hombre, en la dignidad y el valor de la persona humana, en la igualdad de derechos de hombres y mujeres y de las naciones grandes y pequeñas,*
- *A crear condiciones bajo las cuales puedan mantenerse la justicia y el respeto a las obligaciones emanadas de los tratados y de otras fuentes del derecho internacional,*
- *A promover el progreso social y a elevar el nivel de vida dentro de un concepto más amplio de la libertad.*

El preámbulo de la Carta de las Naciones Unidas describe los cuatro pilares de la ONU. Estos pilares son:

- Paz y Seguridad
- Derechos Humanos
- Marco Legal
- Desarrollo

Estos pilares están interconectados. No se puede alcanzar plenamente uno sin lograr todos ellos.

Paz y Seguridad

Como se describe en el Preámbulo de la Carta de las Naciones Unidas, la ONU fue creada para *"preservar a las generaciones venideras del flagelo de la guerra que dos veces durante nuestra vida ha infligido a la Humanidad sufrimientos indecibles"*, El CS es el principal órgano encargado de mantener la paz y la seguridad internacionales. Sin embargo, otros órganos desempeñan un papel importante al hacer recomendaciones y ayudar en la resolución de conflictos armados.

La ONU surgió de las ruinas de la Segunda Guerra Mundial y resistió la Guerra Fría*. Hoy en día, la paz y la seguridad ya no se perciben sólo en términos de la ausencia de conflictos militares. Se reconoce que los intereses comunes

* La Guerra Fría fue un período de tensión geopolítica entre la Unión de Repúblicas Socialistas Soviéticas (el Bloque del Este) y los Estados Unidos con sus aliados occidentales, que terminó con el colapso de la URSS en diciembre de 1991.

de todas las personas se ven afectados por diversos factores, que incluyen la pobreza, el hambre, la degradación ambiental, las instituciones democráticas débiles y las violaciones a los derechos humanos.

Con el tiempo, el alcance de las tareas asignadas a las operaciones de mantenimiento de la paz de la ONU ha aumentado significativamente en respuesta a los cambios en los patrones de conflicto... en función de su mandato, las operaciones de mantenimiento de la paz pueden estar obligadas a:

- Desplegarse para prevenir el estallido de conflictos o el desborde de conflictos a través de las fronteras.
- Estabilizar situaciones de conflicto tras un alto al fuego para crear un entorno que permita a las partes alcanzar un acuerdo de paz duradero.
- Asistir en la implementación de acuerdos de paz integrales.
- Guiar a estados o territorios hacia una transición de gobierno estable, basado en principios democráticos, buena gobernanza y desarrollo económico.

Las operaciones de consolidación de la paz también implican coordinar la asistencia humanitaria durante los conflictos. En muchos de ellos, las poblaciones civiles son específicamente blanco de ataques.

En función del conjunto concreto de desafíos, a menudo se encomienda que las fuerzas de paz de la ONU desempeñen un papel en las siguientes actividades de consolidación de la paz:

- Desarme, desmovilización y reintegración de excombatientes
- Acción contra las minas
- Reforma del sector de seguridad y otras actividades relacionadas con el marco legal
- Protección y promoción de los derechos humanos
- Asistencia electoral, incluida la supervisión y el apoyo electoral
- Apoyo para la restauración y extensión de la autoridad estatal
- Fomento de la recuperación y del desarrollo social y económico

Las tropas, policías y civiles que participan en las operaciones de mantenimiento de la paz son proporcionados y financiados por los Estados Miembros. Las fuerzas de la paz de la ONU ahora están desplegadas en todo el mundo en números récord. Estas operaciones emplean a más de 100 000 tropas, policías y civiles y afectan la vida de cientos de millones de hombres, mujeres y niños.

A menudo, las fuerzas de la paz de la ONU son llamadas los "cascos azules" debido a los cascos de intenso azul que se les exige usar. (Para obtener estadísticas actualizadas, consulta *www.peacekeeping.un.org/es*).

Consolidación de la Paz

La consolidación de la paz se refiere a ayudar a países y regiones a hacer la transición de la guerra a la paz. Una vez que termina el conflicto armado, los países a menudo necesitan asistencia para reconstruir las instituciones estatales responsables de mantener el orden público, la salud, la educación y otros servicios. La asistencia también puede incluir el desarme, la desmovilización y la reintegración de soldados, supervisar elecciones, y reintegrar a los refugiados. En el corazón de la consolidación de la paz está el intento de construir un nuevo Estado que pueda resolver disputas pacíficamente, proteger a sus civiles y garantizar el respeto de los derechos humanos.

La consolidación de la paz implica coordinar las actividades de una amplia gama de organizaciones en el sistema de la ONU, organizaciones no gubernamentales (ONG) y grupos locales de ciudadanos.

Derechos Humanos

Este principio llevó a la adopción de la Declaración Universal de Derechos Humanos (DUDH) por parte de la AG el 10 de diciembre de 1948.

La DUDH fue un hito en la historia mundial. Fue la primera vez en que los derechos y libertades individuales se describieron de manera tan detallada. También representó el primer reconocimiento internacional de que los derechos humanos y las libertades fundamentales se aplican a todas las personas, en todas partes. Hoy en día, continúa influyendo en la vida de las personas. La DUDH también sirve como modelo para numerosos tratados y declaraciones internacionales, y ha sido incorporada en las constituciones y leyes de muchos países. La DUDH ha inspirado más de 60 instrumentos internacionales de derechos humanos. Es el documento de derechos humanos más conocido y citado en el mundo.

Tras la histórica adopción de la DUDH, la AG llamó a todos los Estados Miembros a difundir el texto de la DUDH y "a hacer que se difunda, exhiba, lea y explique principalmente en las escuelas y otros establecimientos educativos, sin distinción basada en el estatus político de los países o territorios".

La conexión entre los derechos humanos y el desarrollo, la justicia social, el marco legal, la no discriminación, la igualdad de género y la democracia, entre otros, es claramente visible a lo largo de la DUDH. En primer lugar, establece que el reconocimiento de los derechos inalienables de todas las personas es esencial para construir una base sólida de libertad, justicia y paz. Los derechos inalienables no pueden ser arrebatados a nadie por ninguna persona ni por el Estado. En segundo lugar, otorga a los derechos económicos, sociales y culturales el mismo grado de protección que a los derechos civiles y políticos.

El Marco Legal

Este es uno de los conceptos fundamentales en el corazón del trabajo y misión de la Organización. Como se establece en la Carta de las Naciones Unidas, la

ONU tiene como objetivo "crear condiciones bajo las cuales puedan mantenerse la justicia y el respeto a las obligaciones emanadas de los tratados y de otras fuentes del derecho internacional". Los derechos humanos, la democracia y el marco legal están interconectados y no pueden existir uno sin el otro.

Para desarrollarse y prosperar, los seres humanos necesitan seguridad, protección y la capacidad de ejercer sus derechos individuales. Esto no puede suceder sin el marco legal, que se refiere a que las personas y las instituciones, incluido el propio Estado, son responsables ante leyes que son coherentes con las normas y estándares internacionales de los derechos humanos.

Muchos países pobres necesitan asistencia para capacitar y emplear personal calificado para gestionar instituciones democráticas. Estas instituciones son vitales para defender el marco legal. Además, una buena gobernanza requiere de la participación pública en el proceso político. Esto ayuda a garantizar que los gobiernos sean responsables de sus acciones. Las elecciones multipartidarias competitivas son esenciales para empoderar a los pobres y para construir acuerdos de paz duraderos.

Desarrollo

El cuarto objetivo establecido de la ONU es "promover el progreso social y mejores estándares de vida en una mayor libertad". Para alcanzar este objetivo, el ECOSOC es el órgano principal encargado, ya que coordina los mandatos de desarrollo de 14 agencias especializadas de la ONU y cinco comisiones regionales. Además, el ECOSOC consulta con académicos, representantes empresariales y miles de organizaciones no gubernamentales dentro de la sociedad civil. Los principales componentes del desarrollo son:

- Vivir una vida larga y saludable
- Obtener educación
- Tener un nivel de vida decente
- Contar con la libertad de participar en la vida de la comunidad

Todo desarrollo tiene como objetivo final expandir el potencial humano y los derechos humanos. Sin embargo, el desarrollo es más que simplemente aumentar el ingreso. No puede ocurrir sin que las Naciones Unidas se liberen de la miseria, el hambre, el analfabetismo y de la enfermedad. Las personas que viven en extrema pobreza carecen de opciones. Tener un nivel de vida decente nos brinda los medios para perseguir nuestros deseos y sueños.

Los derechos humanos entran en juego cuando reconocemos que todos deberían tener las mismas oportunidades para desarrollar sus habilidades al máximo.

El desarrollo deja de avanzar cuando estalla un conflicto violento, se violan los derechos humanos o se ignora el marco legal. Así como el desarrollo puede verse negativamente afectado por el conflicto, la falta del mismo también puede llevar a la guerra.

El fuerte vínculo entre los derechos humanos y el desarrollo ha figurado prominentemente en los debates de la ONU. En 1986, el derecho al desarrollo se hizo explícito en la Declaración sobre el Derecho al Desarrollo, la cual establece que "el derecho al desarrollo es un derecho humano inalienable, en virtud del cual todo ser humano y todos los pueblos están facultados para participar en un desarrollo económico, social, cultural y político en el que puedan ejercerse plenamente todos los derechos humanos y libertades fundamentales".

La importancia de centrarse en el desarrollo es más evidente hoy en día en los esfuerzos por erradicar la pobreza extrema, tal como se detalla en los Objetivos de Desarrollo Sostenible (ODS).

La Agenda 2030 para el Desarrollo Sostenible, adoptada por todos los Estados Miembros de la ONU en 2015, proporciona un programa compartido por la paz y la prosperidad de las personas y del planeta, tanto ahora como en el futuro. En su centro se encuentran los 17 Objetivos de Desarrollo Sostenible, que constituyen un llamado urgente a la acción por parte de todos los países, tanto desarrollados como en desarrollo, en una alianza global. Reconocen que poner fin a la pobreza y otras privaciones debe ir de la mano con estrategias que mejoren la salud y la educación, reduzcan la desigualdad y estimulen el crecimiento económico, todo ello mientras se aborda el cambio climático y se trabaja para preservar nuestros océanos y bosques, así como nuestras instituciones democráticas. Sitio web: *https://sdgs.un.org/es/goals*

LA HISTORIA DE LA ONU

La destrucción causada por la Primera y la Segunda Guerra Mundial llevó a muchas personas a desear una organización internacional dedicada a mantener la paz. Tal era este deseo, que poco después de que se convocara la Conferencia de Paz de París en enero de 1919, se adoptó el Pacto de la Sociedad de Naciones. (Aunque el pacto finalmente no pudo lograr los objetivos de sus fundadores, permaneció en vigor hasta 1946, cuando fue oficialmente disuelto).

Los siguientes eventos llevaron a la creación de las Naciones Unidas:

Declaración del Palacio de St. James (junio de 1941)

La Segunda Guerra Mundial comenzó en septiembre de 1939. Para junio de 1941, prácticamente toda Europa había caído ante las potencias del Eje.

El 12 de junio 1941, representantes de varias potencias aliadas se reunieron en Londres para firmar la Declaración del Palacio de St. James. Esta declaración fue una promesa de solidaridad en la lucha contra la agresión. Proclamaba que "la única base cierta de una paz duradera radica en la cooperación voluntaria de todos los pueblos libres que, en un mundo sin la amenaza de la agresión, puedan disfrutar de seguridad económica y social".

Carta del Atlántico (agosto de 1941)

En agosto de 1941, las potencias del Eje parecían tener la ventaja. Aunque Estados Unidos estaba brindando apoyo moral y material a los Aliados, aún no había entrado en la guerra. Una tarde, dos meses después de la Declaración del Palacio de St. James, se anunció que el presidente Franklin D. Roosevelt y el primer ministro Winston Churchill estaban en conferencia "en algún lugar del mar". El 14 de agosto, los dos líderes emitieron una declaración conjunta conocida como la Carta del Atlántico.

Este documento no era un tratado entre las dos potencias. En cambio, declaraba "ciertos principios comunes en la política nacional de sus respectivos países, en los cuales descansan sus esperanzas de lograr un porvenir mejor para el mundo".

La Carta del Atlántico también afirmó los principios básicos de los derechos humanos universales:

- No habrá cambios territoriales sin los deseos libremente expresados de los pueblos afectados.
- El derecho de cada pueblo a elegir su propia forma de gobierno.
- Acceso igualitario a materias primas para todas las naciones.

La Carta del Atlántico causó una profunda impresión en los Aliados en conflicto. Llegó como un mensaje de esperanza a los países ocupados y ofreció la promesa de una organización mundial basada en principios morales universales.

La Declaración de las Naciones Unidas (1 de enero de 1942)

El 1 de enero de 1942, Churchill, Roosevelt, Maxim Litvinov, de la URSS, y T.V. Soong, de China, firmaron un breve documento. Este documento se conoció posteriormente como la Declaración de las Naciones Unidas. Al día siguiente, representantes de otras 22 naciones añadieron sus firmas. Los gobiernos que firmaron esta declaración se comprometieron a aceptar la Carta del Atlántico. También acordaron no negociar una paz separada con ninguna de las potencias del Eje.

Los 26 signatarios originales de la Declaración de las Naciones Unidas fueron:

- Estados Unidos
- El Reino Unido
- Unión de Repúblicas Socialistas Soviéticas (URSS)
- China
- Australia
- Grecia
- Nicaragua
- Bélgica
- Guatemala
- Noruega
- Canada
- Haití
- Panamá
- Costa Rica
- Honduras
- Polonia
- Cuba
- India
- Unión de Sudáfrica
- Checoslovaquia
- Luxemburgo
- Yugoslavia
- República Dominicana
- Países Bajos
- El Salvador
- Nueva Zelanda

Otros países que firmaron la Declaración de las Naciones Unidas (en orden de firma):

27) México

28) Irán

29) Perú

30) Turquía

31) Filipinas

32) Colombia

33) Chile

34) Egipto

35) Etiopía

36) Liberia

37) Paraguay

38) Arabia Saudita

39) Iraq

40) Francia

41) Venezuela

42) Brasil

43) Ecuador

44) Uruguay

45) Bolivia

La Declaración de las Naciones Unidas marca el primer uso oficial del término "Naciones Unidas". Los Aliados lo utilizaron para referirse a su alianza.

Declaración de Moscú (octubre de 1943) y Conferencia de Teherán (deciembre de 1943)

Para 1943, todas las principales naciones aliadas estaban comprometidas a trabajar juntas para crear un mundo en el que "los hombres de todas las tierras puedan vivir sus vidas en libertad, libres de miedo y necesidad". En octubre de 1943, representantes del Reino Unido, los Estados Unidos, China y la Unión de Repúblicas Socialistas Soviéticas se reunieron en Moscú. El 30 de octubre, estos representantes firmaron la Declaración de Moscú. Este documento reconocía "la necesidad de establecer, a la mayor brevedad posible, una organización internacional general, basada en el principio de la igualdad soberana de todos los Estados amantes de la paz, y abierta a la incorporación de todos esos Estados, grandes y pequeños, para el mantenimiento de la paz y la seguridad internacionales".

Dos meses después de la Declaración de Moscú, Churchill, Roosevelt y Joseph Stalin, el líder de la Unión de Repúblicas Socialistas Soviéticas, se reunieron por primera vez en Teherán, la capital de Irán. Allí, elaboraron la estrategia final de los Aliados para ganar la guerra. Al final de la conferencia, declararon: "Estamos seguros de que nuestra concordia ganará una paz duradera. Reconocemos plenamente la suprema responsabilidad que recae sobre nosotros y sobre todas las Naciones Unidas para hacer una paz que comande la buena voluntad de la abrumadora masa de los pueblos del mundo y destierre el flagelo y el terror de la guerra durante muchas generaciones".

Conferencias de Dumbarton Oaks y Yalta (1944 – 1945)

Para 1944, muchas naciones estaban de acuerdo en que era necesario una organización internacional dedicada a mantener la paz y la seguridad. El siguiente paso fue definir la estructura de esta nueva organización. Con este propósito, representantes de China, el Reino Unido, la Unión de Repúblicas Socialistas Soviéticas y los Estados Unidos se reunieron en Dumbarton Oaks, una mansión privada en Washington, D. C.

Los debates concluyeron el 7 de octubre de 1944. Posteriormente, las cuatro naciones presentaron una propuesta para la estructura de la nueva organización a todos los gobiernos aliados.

Según las propuestas de Dumbarton Oaks, las Naciones Unidas consistirían en cuatro órganos principales:

1. Una AG compuesta por todos los miembros,
2. Un CS de once miembros, de los cuales cinco serían permanentes y los otros seis serían elegidos por la AG por períodos de dos años,
3. Una Corte Internacional de Justicia,
4. Una Secretaría de las Naciones Unidas.

También se previó un Consejo Económico y Social, que trabajaría bajo la autoridad de la AG.

El plan de Dumbarton Oaks establecía que el Consejo de Seguridad sería responsable de ayudar a prevenir futuras guerras. El método efectivo de votación en el CS quedó abierto para futuros debates.

El plan también establecía que los Estados Miembros debían poner fuerzas armadas a disposición del CS. Esto ayudaría a prevenir la guerra o a suprimir actos de agresión entre Estados. Los Estados estuvieron generalmente de acuerdo en que la ausencia de tal fuerza había sido una debilidad fatal en la antigua Liga de las Naciones, lo que había llevado a su desaparición.

Las propuestas de Dumbarton Oaks fueron analizadas plenamente en todos los países aliados. El procedimiento de votación en el CS fue abordado más a fondo por Churchill, Roosevelt y Stalin en la Conferencia de Yalta. El 11 de febrero de 1945, la Conferencia de Yalta anunció que la cuestión del CS se había resuelto. La Conferencia de Yalta también llamó a una Conferencia de la ONU que se celebraría en San Francisco el 25 de abril de 1945. El propósito de esta conferencia era "preparar la Carta de tal organización, siguiendo las líneas propuestas en las conversaciones formales de Dumbarton Oaks".

Conferencia de San Francisco (1945)

En San Francisco se reunieron delegados de 50 naciones. Representaban más del 80 % de la población mundial. Estos delegados estaban decididos a establecer una organización que preservara la paz y ayudara a construir un mundo mejor. El objetivo principal de la conferencia de San Francisco, conocida oficialmente como la Conferencia de las Naciones Unidas sobre Organización Internacional, era producir una Carta para esta nueva organización que fuera aceptable para todos los países.

La conferencia tuvo lugar del 25 de abril al 26 de junio de 1945. El proceso de redacción de la Carta de las Naciones Unidas duró dos meses. Cada una de sus partes tuvo que ser votada y aceptada por una mayoría de dos tercios.

Un tema que provocó un largo y acalorado debate fue el derecho de cada miembro permanente del CS a vetar cualquier resolución aprobada por el CS (los miembros permanentes eran China, la URSS, los Estados Unidos, el Reino Unido y Francia). Las potencias más pequeñas temían que cuando uno de los "Cinco Grandes" amenazara la paz, el CS no pudiera actuar. Querían reducir el poder del veto del CS. Pero las grandes potencias insistieron en el veto. Argumentaron que la principal responsabilidad de mantener la paz mundial recaería más pesadamente sobre ellos. Finalmente, las potencias más pequeñas cedieron en pos del interés de establecer la organización mundial.

El 25 de junio de 1945, los delegados se reunieron en la Ópera de San Francisco para la última sesión plenaria de la conferencia. Fue aquí donde los delegados aprobaron por unanimidad la Carta de la ONU. Al día siguiente, en el auditorio del Salón Conmemorativo de los Veteranos, los delegados firmaron la Carta de la ONU. China, la primera víctima de la agresión por parte de una potencia del Eje, tuvo el honor de firmar primero.

Sin embargo, la ONU no comenzó a existir con la firma de la Carta. En muchos países, la Carta de las Naciones Unidas tenía que ser aprobada por sus gobiernos. Por lo tanto, se decidió que la Carta de la ONU entraría en vigor cuando los gobiernos de los "Cinco Grandes" y la mayoría de los demás estados signatarios la hubieran ratificado.

El 24 de octubre de 1945, se cumplió esta condición y nacieron oficialmente las Naciones Unidas. Cuatro años de planificación y la esperanza de muchos años se habían materializado en una organización internacional diseñada para poner fin a la guerra y promover la paz, la justicia y una mejor calidad de vida para toda la humanidad.

Capítulo 3

PREPARATIVOS

DELEGADA HABLANDO EN EL MODELO ONU. FOTO: ONU / MARK GARTEN

Esta sección proporciona información útil para que puedas prepararte adecuadamente para asistir a una conferencia de la ONU. En particular, se enfoca en:

- Decisiones que se deben tomar antes de una conferencia—la estructura de una conferencia del modelo ONU, así como tareas y responsabilidades de los funcionarios clave
- Preparación del delegado—cómo preparar tu investigación con anticipación, dónde buscar recursos y cómo redactar documentos de posición

DECISIONES QUE SE DEBEN TOMAR ANTES DE UNA CONFERENCIA

Agenda, Plan de Trabajo, Documentos y Normas de Procedimiento

Adoptar una agenda

La adopción de la agenda en la reunión plenaria de la AG suele ser una formalidad. La agenda debe confirmar el resultado de largas preparaciones y consultas realizadas antes de la conferencia. Todos los participantes que desean una conferencia exitosa quieren que la agenda se adopte con la menor discusión o división posible.

Los pasos para adoptar una agenda para cada sesión de la AG son los siguientes:

1. A principios de año (usualmente en febrero) se emite una "Lista preliminar de temas a incluir en la agenda provisional de la AG".
2. A mediados de junio se distribuye una "Versión comentada de la lista preliminar de temas a incluir en la agenda provisional de la AG". Esta proporciona el historial de cada tema propuesto para la agenda. También enumera documentos seleccionados de las sesiones anteriores y proyecta los documentos principales (informes, etc.) que se presentarán para discusión según los temas independientes.
3. En julio se emite una "Agenda provisional de la XXª sesión anual de la AG". Esta enumera todos los nuevos temas que se han propuesto hasta 60 días previos a la apertura de la sesión.
4. A mediados de agosto se publica la "lista complementaria de temas propuestos para inclusión en la agenda". Incluye todos los nuevos temas propuestos después de la emisión de la agenda provisional y hasta 30 días previos a la apertura de la sesión.
5. A mediados de septiembre, se publica un borrador de la agenda que se somete a un organismo llamado Comité General, el cual servirá como base para las deliberaciones. Algunos temas previamente listados pueden ser eliminados o propuestos para una fecha posterior. Este borrador se incluye en un Documento-Llamado "Memorándum

del Secretario General sobre la organización de la XXª sesión ordinaria de la Asamblea General, adopción de la agenda y asignación de temas".

6. El "Informe del Comité General" (basado en el "Memorándum del Secretario General sobre la organización de la XXª sesión ordinaria de la Asamblea General, adopción de la agenda y asignación de temas") incluye recomendaciones sobre los temas a ser incluidos en la agenda. También incluye la asignación de temas a la sesión plenaria o a las Comisiones Principales, así como también aspectos organizativos de la sesión de la AG.
7. La "Agenda de la XXª sesión de la AG" es adoptada por la plenaria y se convierte en la base para el trabajo de la sesión de la AG. Las ediciones realizadas después de la adopción se emiten como Adendas a la Agenda.
8. La "Asignación de temas de la agenda para la XXª sesión de la AG" detalla la asignación final de temas a la plenaria o a una de las Comisiones Principales basada en las recomendaciones del Comité General. Los cambios o adiciones realizados después de la adopción se emiten como Erratas o Adendas a la Agenda.

El Programa de Trabajo y Agenda en la página web de la AG de la ONU enumera todos los documentos que deben ser considerados. El número de temas incluidos en la agenda de la AG varía de sesión a sesión.

Redacción Durante una Conferencia Del Modelo ONU

Normalmente, la División de Asuntos de la AG y del ECOSOC redactan la agenda de la AG en nombre del Secretario General. En el contexto de una conferencia Modelo ONU, la Secretaría de la ONU debe redactar la agenda bajo la dirección del Secretario General y luego presentarla al Comité General de la AG del Modelo ONU.

Después de revisar el borrador de la agenda, el Comité General ofrece sus recomendaciones sobre qué temas cree que la AG debe adoptar, qué temas deben asignarse a cada comité y el orden en que deben abordarse. Estas recomendaciones se incluyen en un "Informe del Comité General" para su adopción durante la sesión plenaria de apertura de la AG.

Definir un Programa de Trabajo

Una vez que los temas han sido asignados a la plenaria y a los Comités Principales de la AG, se debe preparar un Programa de Trabajo. La organización del trabajo consiste esencialmente en un cronograma en el cual se realizará el trabajo (por ejemplo, cuánto tiempo se debe dedicar a debatir cada tema de la agenda, cuánto tiempo se debe permitir hablar a los oradores, cuánto tiempo se debe programar para tomar medidas sobre las resoluciones que se han presentado). Este cronograma debe incluir la programación de cualquier evento especial (por ejemplo, cuándo se deben invitar a profesionales especializados a hablar con los delegados).

Mientras que el Comité General elabora el Programa de Trabajo para las reuniones plenarias de la AG, las Mesas directivas hacen lo mismo para el trabajo realizado dentro de cada Comité con la asistencia de la Secretaría de la ONU y en consulta con las delegaciones.

Una vez que el Programa de Trabajo haya sido acordado extraoficialmente, se presentará a los delegados en la sesión de apertura. A partir de ese entonces, es una referencia importante para todos los delegados.

Cómo Se Haría en una Conferencia Del Modelo ONU

Normalmente, la AG y la División de Asuntos de la AG y del ECOSOC redactan el Programa de Trabajo para cada Comité. El Secretario de cada Comité puede redactar el programa de Trabajo con la asistencia de otros miembros de la Mesa directiva en el contexto de una conferencia del Modelo ONU.

Preparación de los Documentos

Para llevar a cabo el Programa de Trabajo, los delegados necesitan acceder a los documentos relacionados con cada tema de la agenda. Estos documentos pueden incluir:

- Informes del Secretario General sobre los temas de la agenda que se están discutiendo
- Cartas presentadas por los Estados Miembros sobre el tema de la agenda en cuestión
- Informes especializados redactados por expertos de la ONU
- El propio Programa de Trabajo, etc.

Todos estos documentos deben estar disponibles para que los delegados puedan consultarlos fácilmente.

Cómo Se Haría en una Conferencia Del Modelo ONU

Primero, el Comité General debe discutir la agenda provisional y determinar recomendaciones. A continuación, la Secretaría del Modelo ONU (es decir, el Secretario General (SG) y los Subsecretarios Generales (SSG)) debe preparar informes del Secretario General sobre cada tema de la agenda. Estos informes deben proporcionar una historia detallada del tema de la agenda, incluyendo las acciones que la ONU ya haya tomado. Estos informes serán utilizados por los delegados como un recurso para ayudarles a preparar sus Documentos de Posición.

En muchos casos, la Secretaría de la ONU mantiene un sitio web desde el cual se pueden descargar documentos. Este sitio web necesita ser monitoreado habitualmente a medida que se publican nuevos documentos.

Símbolos de los Documentos de la ONU

Los documentos emitidos por la Secretaría de la ONU se identifican por símbolos que los delegados deberán aprender. El sistema para identificar documentos debe reflejar el que se utiliza en la ONU.

El primer componente de un símbolo indica el órgano al que se presenta el documento o el órgano que emite el documento. Por ejemplo:

A/-	AG
S/-	CS
E/-	ECOSOC

Varios símbolos de documentos incluyen componentes de períodos de sesiones o componentes anuales después de los elementos del organismo. Por ejemplo:

GA	sesión	A/67/99
CS	anual	S/2013/99
ECOSOC	anual	E/2013/99

El componente final del símbolo es el número secuencial asignado al número de serie.

Por ejemplo, la agenda de la 67ª sesión de la AG se etiquetaría de la siguiente manera:

A/67/251

"A" indica que se trata de un documento de la AG. "67" señala a qué sesión de la AG pertenece. "251" representa el número asignado al documento.

Para más información, consulta la página sobre Símbolos de Documentos de la ONU. Una conferencia del Modelo ONU debería utilizar el mismo formato para sus documentos y ajustarlo según corresponda.

Elegir las Reglas de Procedimiento Apropiadas

Las Reglas de Procedimiento recomendadas para su uso en conferencias del Modelo ONU que simulan la AG se pueden encontrar aquí: https://www.un.org/es/mun. Estas se basan en las Reglas de Procedimiento reales utilizadas en la ONU. Casi todas las simulaciones de la AG organizadas en todo el mundo utilizan reglas parlamentarias que son muy diferentes de las utilizadas en la ONU. **Es altamente recomendable que se utilicen las Reglas de Procedimiento de la ONU incluidas en esta guía en lugar de cualquier otra.**

Las Reglas de Procedimiento juegan un papel crucial para asegurar que las deliberaciones que se llevan a cabo durante las reuniones formales se realicen de la manera más eficiente posible. Las Reglas de Procedimiento inadecuadas utilizadas en algunas conferencias del Modelo ONU son innecesariamente complejas y no reflejan adecuadamente las utilizadas en la ONU. En la ONU, las reglas son más simples y se invocan con menos frecuencia. Las reglas incorrectas desvían la atención del trabajo que debe llevarse a cabo y son una pérdida de tiempo. Adoptar las Reglas de Procedimiento sugeridas en este manual debería facilitar la gestión de las reuniones así como brindar la ayuda para completar el Programa de Trabajo de manera más eficiente.

Selección de Roles de Liderazgo

Una de las primeras decisiones al planificar una conferencia del Modelo ONU es: ¿Quiénes estarán incluidos en los roles de liderazgo y cómo se seleccionarán? Una simulación precisa de la ONU necesita considerar la estructura de liderazgo de las entidades de la ONU.

Esta guía se centra en la AG, el CS y la Secretaría de la ONU. En los anexos, se proporciona una lista de otros roles de liderazgo en el sistema de organizaciones de la ONU. Hasta cierto punto, el número de cargos de liderazgo dependerá del tamaño de la conferencia. Dicho esto, se recomienda la siguiente lista de cargos de liderazgo para simulaciones de la AG:

Roles de Liderazgo en la AG

Presidente de la Asamblea General (PAG)

El PAG (Presidente de la Asamblea General) es el guardián de las Reglas de Procedimiento de la AG. Sin embargo, no participa en la toma de decisiones de la AG. El PAG abre y cierra cada reunión plenaria de la AG, decide sobre mociones de orden y preside los debates en las reuniones plenarias. Además, el PAG organiza debates temáticos y desempeña un papel importante en aumentar la visibilidad pública de la AG.

Vicepresidentes (VP) de la AG

Cuando el PAG está ausente, un VP cumple el rol de Presidente Interino. El Presidente Interino tiene los mismos poderes y deberes que el PAG y permanece bajo la autoridad de la AG. Un Presidente Interino no vota. Si es necesario, el Presidente Interino debe designar a otro miembro de la delegación para votar en su lugar. Con frecuencia, el PAG asigna a los VP la tarea de facilitar negociaciones complejas. En esta calidad, los VP llevarán a cabo consultas sobre una asignación específica. También presidirán reuniones plenarias informales con embajadores y expertos. Aunque la AG elige a 21 VP, el número puede ajustarse según el tamaño de la conferencia.

Presidente de un Comité Principal de la AG

El presidente declara la apertura y el cierre de las reuniones del Comité. En estas reuniones, él o ella:

- Dirige los debates
- Garantiza que se cumplan las reglas

- Otorga el derecho a la palabra
- Plantea preguntas
- Anuncia decisiones

El Presidente tiene el control completo de los procedimientos en cualquier reunión. También tiene la responsabilidad de mantener el orden en todo momento. Debido a que el Presidente representa a todo el Comité, no puede representar simultáneamente a una de las delegaciones participantes.

Se espera que los Presidentes dejen de operar como miembros de su delegación nacional mientras actúen como Presidentes y no voten. Si son líderes de delegación, entonces otro miembro de esa delegación debe asumir el rol de hablar y votar en nombre de la delegación. El Presidente debe hablar y actuar de manera imparcial en nombre del Comité en su conjunto. No debe buscar promover ninguna opinión nacional o personal.

Puede haber hasta un máximo de seis Presidentes. El número dependerá de cuáles Comités Principales de la AG se incluyan en la simulación.

Vicepresidentes

En caso de que el Presidente no esté disponible para una reunión o alguna parte de ella, el Vicepresidente tomará su lugar. Mientras actúe como Presidente, el Vicepresidente tendrá los mismos poderes y deberes que el Presidente. Aunque la AG elige a dieciocho Vicepresidentes, tres por Comité, este número puede ajustarse según el tamaño de la conferencia.

Relator

Si bien la Secretaría de la ONU redacta informes, el Relator se encarga de revisar el informe del Secretario sobre el trabajo del Comité al final de cada sesión de la AG. El Relator también presenta el informe del Secretario en la reunión plenaria de clausura. Al igual que el Presidente y el Vicepresidente, el Relator es elegido y se sienta junto al Presidente en el podio.

Puede haber un máximo de hasta seis relatores. El número dependerá de cuáles Comités Principales de la AG se incluyan en la simulación.

Roles de Liderazgo en la Secretaría de la ONU para incluir en Simulaciones de la AG

Secretario General (SG)

Siendo a su vez diplomático y defensor, servidor público y CEO, el Secretario General (SG) es un símbolo de los ideales de la ONU. También es un representante de los intereses de los pueblos del mundo, en particular de los pobres y vulnerables. La AG nombra al Secretario General basado en la recomendación del CS.

La Carta de la ONU describe al Secretario General como el "principal funcionario administrativo" de la ONU, quien debe actuar en esa calidad y realizar "otras funciones que le sean encomendadas" por el CS, la AG, el ECOSOC y otros órganos de la ONU. La Carta de la ONU también faculta al Secretario General para "poner en conocimiento del CS cualquier asunto que, en su opinión, pueda amenazar el mantenimiento de la paz y la seguridad internacionales". Estas directrices definen los poderes del cargo y le otorgan un considerable margen de acción. El Secretario General fracasaría si no tuviera en cuenta cuidadosamente las preocupaciones de los Estados Miembros. Sin embargo, el Secretario General también debe defender los valores y la autoridad moral de la ONU. También debe hablar y actuar por la paz, incluso a riesgo de desafiar o discrepar con los Estados Miembros.

El trabajo diario del Secretario General incluye:

- Asistir a las sesiones de los órganos de la ONU
- Consultar con líderes mundiales, funcionarios estatales y representantes de la sociedad civil
- Realizar visitas oficiales a Estados y territorios destinadas a mantenerlo o mantenerla en contacto con los problemas que enfrentan las personas a nivel internacional o local
- Emitir un informe sobre el trabajo de la ONU que detalle sus actividades y establezca prioridades futuras

El Secretario General también es el Presidente de la Junta de los Jefes Ejecutivos del Sistema de la ONU para la Coordinación (CEB), que reúne a todos los fondos, programas y agencias especializadas de la ONU para coordinar acciones. Uno de los roles más vitales desempeñados por el Secretario General es el uso de las "buenos oficios". Estas son acciones tanto públicas como privadas para prevenir que surjan, se intensifiquen o se difundan disputas internacionales.

Cada Estado Miembro de la ONU se compromete a respetar el carácter internacional de las responsabilidades del Secretario General y del personal. También se comprometen a no influenciar al Secretario General y al personal en el desempeño de sus responsabilidades.

Secretario General Adjunto (SGA)

La AG estableció el cargo de SGA para ayudar a gestionar las operaciones de la Secretaría de la ONU y asegurar la coherencia de las actividades y programas. El cargo también se creó para elevar el perfil y el liderazgo de la organización en las esferas económica y social.

La principal función del SGA es apoyar al Secretario General. Las responsabilidades pueden incluir, entre otras:

- Asistir al Secretario General en la gestión de las operaciones del Secretario de la ONU

- Ayudar al Secretario General a asegurar que las diferentes actividades y programas estén alineados con la tarea del Secretario General de elevar el perfil y el liderazgo de la ONU
- Representar al Secretario General en conferencias, funciones oficiales, ceremonias y otras ocasiones según lo considere necesario el Secretario General
- Actuar en nombre del Secretario General en su ausencia

Subsecretarios Generales (SSG)

Aunque hay muchos SSG y otros altos funcionarios del mismo rango, los mencionados a continuación deberían incluirse en un MNU, en función de los temas relevantes que se estén considerando en la simulación.

Subsecretario General de Asuntos Políticos y de Construcción de Paz

El Subsecretario General de Asuntos Políticos y de Construcción de Paz dirige el Departamento de Asuntos Políticos y de Construcción de Paz (DPPA). El DPPA trabaja para prevenir y resolver conflictos y construir una paz sostenible en todo el mundo.

El DPPA se enfoca principalmente en cinco áreas de la paz y seguridad internacionales:

- Garantizar un análisis exhaustivo y una alerta temprana
- Prevenir conflictos y participar en la construcción de la paz
- Gestionar crisis políticas y conflictos violentos
- Mantener de la paz
- Fortalecer alianzas

La Oficina de Apoyo a la Construcción de la Paz (PBSO) dentro del DPPA fomenta el apoyo internacional a los esfuerzos de construcción de paz dirigidos y gestionados por los países.

El Departamento también coordina las actividades de asistencia electoral de la ONU y proporciona apoyo al personal del CS de la ONU y a dos comités permanentes establecidos por la Asamblea General.

Subsecretario General de Asuntos Económicos y Sociales

El Departamento de Asuntos Económicos y Sociales (DESA) ofrece asesoramiento y apoyo al Secretario General en relación con cuestiones económicas y sociales, así como a los Comités relevantes de la AG y al ECOSOC.

El DESA asiste en:

- Establecer un marco coordinado para promover y monitorear la implementación y el acuerdo de planes, estrategias, programas o plataformas de acción
- Apoyar las funciones de coordinación de los órganos intergubernamentales centrales y asistir al Secretario General en la mejora y coherencia de las políticas
- Monitorear, analizar y evaluar políticas y tendencias económicas y sociales, incluidas las tendencias poblacionales y los vínculos con el desarrollo
- Compilar y difundir datos analíticos, estadísticas e indicadores económicos y sociales
- Proporcionar asesoramiento y apoyo al Secretario General para promover los derechos humanos, especialmente de las mujeres, y así alcanzar los objetivos definidos en el plan estratégico de acción para mejorar el estatus de las mujeres en la Secretaría de la ONU
- Ofrecer servicios de asesoramiento político a países en desarrollo y países con economías en desarrollo para fortalecer las capacidades nacionales
- Promover el intercambio de conocimientos en desarrollo y el diálogo con organizaciones no gubernamentales y grupos importantes de la sociedad civil

El Subsecretario General de Asuntos Económicos y Sociales es responsable de la gestión, supervisión y administración general del DESA. Este SSG proporciona al Secretario General información sobre cuestiones económicas y sociales. El SSG también representa al Secretario General en reuniones que abordan temas supervisados por el DESA y actúa como Presidente del Comité Ejecutivo de Asuntos Económicos y Sociales.

Subsecretario General de Asuntos de la Asamblea General y Gestión de Conferencias

La función principal del Departamento de Asuntos de la Asamblea General y Gestión de Conferencias (DAGGC) es apoyar la efectividad y eficiencia de las actividades intergubernamentales y proporcionar servicios técnicos de secretaría a la AG y sus Comités. El DAGGC también:

- Facilita conferencias y reuniones *ad hoc* bajo los auspicios de la ONU y proporciona los servicios documentales relevantes
- Planifica y organiza las sesiones ordinarias, especiales y de emergencia de la AG
- Coordina las actividades y los servicios relacionados con todas las sesiones de la AG

- Asiste al PAG en todos los asuntos relacionados con la sesión y el trabajo de la AG y sus Comités Generales y Principales
- Prepara una serie de documentos legislativos, incluidos los informes del Comité General de la Asamblea

El Subsecretario General de Asuntos de la Asamblea General y Gestión de Conferencias es responsable de todas las actividades del DAGGC que involucran la Sede de Nueva York y las oficinas de la ONU en Ginebra, Viena y Nairobi. Esto incluye el establecimiento de políticas, prácticas, estándares y procedimientos para la gestión de conferencias. El SSG también actúa como presidente de la reunión entre agencias sobre el Régimen Lingüístico, la Documentación y las Publicaciones.

Subsecretario General Del Departamento de Comunicación Global

El Departamento de Comunicaciones Globales (DGC) tiene múltiples funciones, que incluyen:

- Aumentar la conciencia global sobre las actividades y preocupaciones de la ONU y promover la comprensión de su trabajo
- Utilizar programas de divulgación, campañas informativas, servicios de noticias y reportajes, programas de radio y televisión, comunicados de prensa, publicaciones, videos documentales y eventos especiales para comunicar los mensajes de la organización
- Liderar campañas internacionales de la ONU
- Involucrar a personalidades destacadas, como Mensajeros de la Paz de la ONU
- Organizar exposiciones, conciertos, seminarios y otros eventos para conmemorar ocasiones de importancia internacional
- Proporcionar servicios bibliotecarios y de intercambio de conocimientos

Además de su personal en la ONU de Nueva York y Ginebra, el DGC cuenta con 63 centros de información de la ONU (CINU) en todo el mundo, así como con un centro regional de información (UNRIC) en Bruselas.

El DGC se compone de tres divisiones. Su División de Comunicaciones Estratégicas desarrolla estrategias y campañas de comunicación para promover las prioridades de la ONU. La División de Noticias y Medios produce y distribuye noticias de la ONU a los medios de comunicación, incluyendo conferencias de prensa diarias. La División de Divulgación publica libros, entre los que destacan el *Essential UN, Basic Facts about the United Nations* (Lo Esencial de la ONU: Datos Básicos sobre las Naciones Unidas) y revistas como Crónica ONU y *Africa Renewal* (África se renueva), trabaja con ONG e instituciones educativas, organiza eventos especiales y exposiciones sobre temas prioritarios, ofrece un programa de capacitación anual para periodistas de países en desarrollo, y establece asociaciones con el sector privado y público para avanzar con los objetivos de la ONU.

Secretarios de los comités principales de la AG

Puede haber un máximo de seis. El número dependerá de los Comités Principales de la AG que se incluyan en la simulación. Estos cargos a menudo se omiten en las conferencias del MNU. Sin embargo, esto no refleja la importancia crucial de estos cargos para el funcionamiento de la Organización.

Roles de Liderazgo en el CS

El rol de liderazgo principal en el CS es su Presidente. La presidencia del CS es rotativa entre los miembros del Consejo en orden alfabético en inglés de los Estados Miembros, por un período de un mes calendario. El Presidente preside las reuniones del CS y lo representa en su calidad de órgano de la ONU.

Selección de Roles de Liderazgo

Los líderes de la AG y la Mesa directiva de los Comités Principales son elegidos con anticipación.

Cómo Se Hace en la Onu

El PAG es elegido por mayoría simple de votos de la AG al menos tres meses antes de asumir formalmente el cargo. La presidencia de la AG suele rotar entre los cinco grupos regionales (Grupo Africano, Grupo de Asia-Pacífico, Grupo de Europa Oriental, Grupo de América Latina y el Caribe, Grupo de Europa Occidental y Otros). Los Estados Miembros de un grupo regional deciden sobre un candidato y presentan una lista única.

Los Comités Principales suelen elegir a sus Presidentes y otros oficiales el día de la elección del PAG. Ningún Estado Miembro puede ocupar simultáneamente los cargos de Vicepresidente y Presidente de un Comité Principal durante la misma sesión de la AG. Los Presidentes de los Comités Principales suelen rotar entre los cinco grupos regionales. A cada grupo regional se le asigna un presidente. Los tres Vicepresidentes y el Relator se asignan a los cuatro grupos regionales que no ostentan la presidencia. Cada grupo regional suele acordar una lista única, lo que permite la elección por aclamación. Dado que las listas únicas no siempre están prontas a tiempo, la elección de algunos miembros de la Mesa puede posponerse hasta la primera reunión formal del respectivo Comité Principal.

Cómo Se Haría en una Conferencia Del Mnu

Las conferencias del MNU que han asignado Estados Miembros de los cinco grupos regionales pueden replicar mejor el proceso de la ONU de la siguiente manera:

- Solicita a los delegados interesados en ser oficiales de la AG (es decir, el PAG, un VP, un Presidente y un Relator) que envíen una solicitud describiendo su experiencia en conferencias del MNU. Además, solicítales que escriban un ensayo explicando por qué desean ser oficiales de la AG.

- Convoca un comité de Selección para revisar las solicitudes. Para replicar el proceso de la ONU, selecciona un candidato para cada posición que represente un grupo regional que coincida con los grupos regionales elegidos para estos cargos durante la sesión más reciente de la AG. Por ejemplo, si el PAG es del Grupo de Europa Oriental, elige un candidato que represente el mismo grupo regional en la conferencia. Haz lo mismo para los demás cargos. Si deseas presentar una lista única en la sesión de apertura, los delegados elegirán a los candidatos seleccionados por aclamación.

Si deseas presentar una lista de candidatos alternativos, convoca un Comité de Selección para revisar las solicitudes y recomendar dos candidatos para cada puesto. Los candidatos para cada puesto deben representar los mismos grupos regionales que ocupan actualmente estos cargos en la ONU. Publícalos junto con su experiencia en el MNU y sus ensayos, y realiza una votación en línea antes del inicio de la conferencia. La elección de los oficiales al inicio de una plenaria de la AG suele ser una formalidad, ya que generalmente se ha acordado de manera informal con antelación a la conferencia. El debate o desacuerdo respecto a la selección del liderazgo podría afectar el desarrollo de la conferencia. Por lo tanto, una gestión prudente no permitirá que se genere ninguna discusión.

Independientemente del método que elijas para seleccionar a los oficiales de la AG, es fundamental asegurar que los candidatos se elijan de manera que se garantice una diversidad geográfica en el liderazgo.

- Cada Comité Principal de la AG debe contar con al menos un Presidente y un Relator. Sin embargo, el número de Vicepresidentes puede variar según el tamaño de la conferencia.

- Se recomienda utilizar el mismo proceso empleado para la elección del PAG para seleccionar al Secretario General. Primero, solicita a los delegados interesados en el cargo de Secretario General que presenten una solicitud detallando su experiencia en conferencias del MNU y un ensayo explicando por qué desean ocupar dicho puesto. Luego, convoca un Comité de Selección para revisar las solicitudes y nominar un candidato para que la AG lo nombre en su primera reunión plenaria. Dado que habrá un solo candidato nominado, el Secretario General será designado por aclamación. Una vez que el Secretario General haya sido nominado, participará en el proceso de toma de decisiones para nombrar los demás cargos dentro de la Secretaría del

MNU. Debe implementarse un proceso de solicitud para estos cargos con el fin de garantizar que todos tengan igual oportunidad de ocupar un rol de liderazgo. Las designaciones deben procurar ser equilibradas en términos de género y diversidad geográfica.

- La estructura de liderazgo de la simulación (es decir, los oficiales de la AG y de la Secretaría del MNU) debe seleccionarse entre los delegados que asistirán a la conferencia.

Supervisión de la Conferencia – Aspectos a Considerar

Organizar una conferencia del MNU requiere una planificación extensa durante un largo período. Hay muchos detalles que deben pensarse cuidadosamente, como la elección del lugar, el armado de las salas, la inscripción y las actividades sociales. Además de la estructura de liderazgo para la simulación de entidades de la ONU, como la AG o el CS, organizar una conferencia a menudo requiere una estructura de gestión separada para supervisar todos los detalles del evento.

Si la conferencia del MNU es lo suficientemente grande, se recomienda tener un grupo de líderes que supervise toda la conferencia y otro grupo enfocado en gestionar la simulación. Cuando esto es posible, la estructura de liderazgo de la conferencia debería incluir un Presidente que gestione la conferencia en estrecha colaboración con un Comité Directivo o una serie de Comités. Estos Comités deberían estar compuestos por estudiantes que participen en la toma de decisiones sobre los temas de discusión, las finanzas y el presupuesto, la recaudación de fondos y el patrocinio, la logística de la conferencia (por ejemplo, la elección del lugar, la gestión del proceso de inscripción) y las estrategias de comunicación para promover la conferencia.

Aquí hay un ejemplo de cómo podría ser esta estructura:

El Comité Ejecutivo

Encabezado por un Presidente, supervisa el trabajo de los siguientes Comités (no debe confundirse con los Comités Principales de la AG que forman parte de la simulación):

- Comité del Programa
- Comité de Comunicación
- Comité de Logística
- Comité de Recaudación de Fondos y Patrocinio
- Comité de Finanzas y Presupuesto

Aunque el Presidente tiene la responsabilidad principal en la gestión de la conferencia, muchos otros comparten esta responsabilidad. El Presidente también consultará a los líderes de la simulación una vez que sean elegidos o designados. Algunas de las responsabilidades de los Comités podrían incluso ser asumidas por los líderes de la simulación una vez que sean seleccionados. Por ejemplo, el Subsecretario General para Asuntos de la Asamblea General y Gestión de Conferencias podría hacerse cargo de la supervisión de la logística de la conferencia. Mientras tanto, el Subsecretario General para Comunicaciones Globales podría contribuir a la determinación de la estrategia de comunicación.

Roles y Responsabilidades de los funcionarios electos

Comité General

El PAG, los VP, y los Presidentes son conocidos colectivamente como el Comité General. El rol y las responsabilidades del Comité General incluyen:

- Analizar la agenda de la AG que ha sido redactada por la Secretaría de la ONU
- Hacer recomendaciones a la AG sobre la inclusión de temas y su asignación a las Comisiones Principales
- Hacer recomendaciones sobre cuestiones organizativas y sobre temas como la celebración de asambleas, los registros de reuniones, y la documentación

El Comité General no hace declaraciones sobre cuestiones políticas.

Por lo general, el Comité General trabaja por consenso. Si se decide mediante votación, se aplica la regla de mayoría simple. Durante sus primeras reuniones, el Comité General discute el borrador de la agenda y la organización de la sesión, y de inmediato presenta su informe a la AG. Este informe contiene recomendaciones sobre la inclusión de puntos en la agenda, la asignación de esos puntos y la organización del trabajo de la AG.

Cada punto de la agenda se asigna a una Comisión Principal de la AG o a la plenaria. No existen reglas fijas. Las asignaciones se basan en prácticas firmemente establecidas y los puntos de la agenda casi nunca cambian de Comisiones. La asignación de nuevos puntos se decide caso por caso. Ocasionalmente, un punto de la agenda se asigna a más de una Comisión Principal, o a una Comisión Principal y a la plenaria. En tales casos, el Comité General recomienda en detalle qué aspecto de un punto debe ser considerado por cada órgano.

El Comité General también sugiere plazos para el trabajo de las Comisiones Principales, recomienda límites de tiempo voluntarios para los discursos de los Estados Miembros y hace sugerencias sobre otras cuestiones organizativas basándose en las resoluciones de revitalización de la AG.

Muchas simulaciones de la AG en los MNU no incluyen un Comité General ni ningún funcionario de la AG. Esto puede dar una impresión engañosa sobre la estructura de poder en la ONU. Aunque los roles y responsabilidades de los funcionarios de la AG y del Comité General podrían ser asumidos por la Secretaría del MNU, esto no transmitiría la estructura de poder adecuada que sitúa a la AG en el centro del sistema de la ONU y a la Secretaría de la ONU en un papel de apoyo. Es vital para cualquier simulación de la AG incluir a los principales funcionarios de la AG en la estructura de liderazgo de la conferencia para evitar dar un énfasis excesivo al papel del Secretario General y de la Secretaría de la ONU.

Mesa del Comité

Los oficiales electos de un Comité Principal de la AG (el Presidente, Vicepresidente y Relator) se denominan colectivamente como "la Mesa". Su función es asistir al Presidente en aspectos importantes de la gestión de los procedimientos del Comité. Esto incluye la redacción del Programa de Trabajo del Comité, informar sobre el trabajo del Comité en las reuniones plenarias de la AG y seleccionar facilitadores para ayudar al Comité a alcanzar el consenso.

El papel que desempeña la Mesa en ayudar a avanzar con el proceso de negociación es una parte crucial de su trabajo que a menudo se omite en las conferencias de los MNU. Al definir las funciones de la Mesa, es importante tener en cuenta en todo momento que la Mesa no le dice a un Comité qué hacer. En cambio, recomienda un curso de acción determinado. Si bien el Comité generalmente sigue las recomendaciones de la Mesa, siempre tiene el derecho de cuestionarlas, hacer cambios o incluso someter esas recomendaciones a votación. Incluir este elemento en la simulación puede ser una experiencia gratificante que conduce a una comprensión más profunda de cómo funciona la ONU.

PREPARACIÓN DEL DELEGADO

Recopilación de Información

El primer paso debe ser leer la Carta de la ONU.

Luego, aquí hay cuatro áreas importantes que los delegados deben investigar como parte de su preparación para una conferencia:

1. Los delegados deben estar al tanto de los seis órganos principales de la ONU y del sistema de organizaciones de la ONU y su relación con la AG (consulta el resumen en esta guía). También deben conocer la historia, cultura, estructura política y asuntos políticos actuales de los países asignados para una simulación. Además de los recursos sobre estos temas, puede ser útil leer libros de ficción y no ficción

(por ejemplo, biografías) escritos por autores que viven en el país que se les ha asignado. Estos libros pueden ofrecer perspectivas sobre la cultura del país que los delegados representarán.

2. Posturas gubernamentales sobre los temas que se discutirán en una conferencia del MNU. Para representar adecuadamente a un país durante la conferencia, una delegación necesitará interactuar con delegaciones que representan a otros países. Conocer los puntos de vista y políticas de "sus países", así como las posturas de otros países que estarán representados, ayudará a los delegados a predecir lo que se dirá durante la fase de debate de la conferencia. Esto será muy útil para ayudar a las delegaciones a identificar qué países estarán de acuerdo con su posición y cuáles estarán en contra. Además, les ayudará a decidir de antemano dónde podría ser útil buscar cooperación o compromiso.
3. Las posturas de los principales grupos políticos importantes como el Grupo de los 77 y China, el Movimiento de los No Alineados, la Unión Europea, la Unión Africana, etc., son igualmente importantes ya que muchas negociaciones en la ONU a menudo se dan entre grupos políticos.
4. Datos estadísticos actuales sobre los países y temas asignados.

Consejos de Investigación

Cuando se preparan para una conferencia, es útil que los delegados dividan la investigación en cuatro categorías:

1. Investigación general sobre el tema asignado. Un delegado debe estar bien informado sobre el tema que debatirá.
2. Investigación general sobre los antecedentes y la cultura del país que se les ha asignado.
3. Investigación sobre las políticas de "su" país en los temas que debatirán.
4. Investigación sobre las políticas de otros países que estarán representados en la conferencia, para que puedan anticipar los argumentos que podrían exponer otros delegados.

Investigación de las Políticas Nacionales de los Países en un Tema Asignado

Los delegados deben buscar libros y sitios web que proporcionen una visión general del tema, así como información sobre los aspectos más específicos del mismo. Es importante tener una idea de la complejidad del tema y de cuántos aspectos diferentes del mismo podrían discutirse durante la conferencia. Al utilizar Internet para su investigación, los delegados deben asegurarse de seleccionar cuidadosamente sus fuentes. La cantidad de material disponible probablemente será mucho mayor de lo que puedan asimilar en el tiempo que tienen disponible para prepararse para una conferencia.

También es importante recordar que los recursos web deben seleccionarse con cuidado. No todos los sitios web son fuentes confiables y muchas de las fuentes pueden ser sesgadas. Si es posible, los delegados deben tratar de encontrar confirmación independiente de la información que han obtenido de más de una fuente.

Además, al recopilar información, es importante distinguir entre opiniones y hechos. Los hechos se utilizan para respaldar las opiniones. Siempre que sea posible, los delegados deben usar hechos para apoyar sus argumentos. A veces, sin embargo, hay casos en que los hechos no están disponibles. En última instancia, los delegados presentarán una opinión y deben defenderla contra otras opiniones. Por lo tanto, es crucial que estén familiarizados con diferentes puntos de vista y opiniones sobre los temas que se les han asignado. Los delegados deben estudiar argumentos que difieran de la postura que probablemente adoptará el país que representan sobre un tema. Necesitan analizar los hechos que se utilizan para apoyar argumentos opuestos. A veces, los mismos hechos pueden usarse para apoyar dos posiciones diferentes sobre un tema. Los delegados deberán decidir en qué puntos particulares quieren enfocarse en sus argumentos y esta decisión debe estar guiada por las políticas de su país sobre el tema que están debatiendo.

Al buscar información en Internet, generalmente es una buena idea variar las palabras clave utilizadas para investigar un tema asignado. Esto a veces los llevará a fuentes adicionales de información que podrían no haber encontrado si la búsqueda de palabras clave es demasiado estrecha.

Aquí hay algunos recursos comunes en Internet para ayudar a los delegados a comenzar:

1. Misiones Permanentes ante la ONU Muchas misiones ante la ONU publican declaraciones y otra información sobre sus posiciones en temas de importancia.

2. Ministerios de Relaciones Exteriores Los sitios web de relaciones exteriores a menudo contienen información sobre las políticas gubernamentales en diferentes asuntos.

3. Biblioteca Digital de la ONU Esta biblioteca proporciona registros de votación para todas las resoluciones de la AG adoptadas desde 1946, así como un índice de discursos. Esta base de datos permite a los usuarios buscar todos los discursos dados por un país sobre un tema específico.

4. Estados Miembros de la ONU Oficiales Este sitio web oficial de la ONU proporciona información sobre la membresía de cada Estado Miembro, un índice de sus discursos en la AG, el CS y el ECOSOC, proyectos

de resoluciones que han patrocinado, y los informes periódicos sobre los convenios de derechos humanos en los que participan.

5. Asuntos Globales de la ONU Este recurso oficial de la ONU ofrece una visión general de cada tema en la agenda de la ONU, así como enlaces útiles a otros organismos relacionados con la ONU y las ONG, cumbres y conferencias pasadas y documentos importantes sobre cada tema. Las ONG son una buena fuente de información que no debe ser pasada por alto. Además de realizar una variedad de servicios y funciones humanitarias, presentar las preocupaciones de los ciudadanos a los gobiernos, monitorear políticas y fomentar la participación política a nivel comunitario, también proporcionan análisis de temas, sirven como mecanismos de alerta temprana y ayudan a monitorear e implementar acuerdos internacionales. Algunas están organizadas en torno a temas específicos, como los derechos humanos, el medio ambiente o la salud. La ONU trabaja con miles de ONG en todo el mundo: alrededor de 4000 tienen una asociación formal con la ONU a través del DGC y el ECOSOC. Para más información, consulta: *https://www.un.org/es/get-involved/un-and-civil-society*

6. Finalmente, *los delegados deben* ***leer las resoluciones de la ONU sobre su tema asignado para averiguar qué cuestiones tienden a discutirse cuando se debate su tema. Las resoluciones aprobadas por la AG, el CS, y el ECOSOC se pueden encontrar en*** *https://www.un.org/es/our-work/documents*

Directrices para el Documento de Posición

Introducción

El documento de posición es una descripción breve y concisa de la postura y prioridades de un Estado, organización internacional u ONG para un Comité determinado. Este documento permite a las delegaciones planificar su curso de acción antes de la reunión, considerando las posiciones de cada país sobre los temas a tratar en la conferencia. Una vez finalizado, el documento de posición debe ser compartido con los Presidentes del Comité, lo que les permitirá ofrecer comentarios útiles a los delegados sobre lo que han escrito antes de la conferencia.

Contenido

El documento de posición sobre un tema asignado debe contener los siguientes elementos:

- Una oración general al principio que exprese claramente la postura del país
- Una declaración política sucinta para cada tema que represente las opiniones relevantes del país asignado

- Una elaboración de la postura que incluya uno o más de los siguientes elementos: citas de la Carta de las Naciones Unidas, acuerdos/resoluciones ratificadas por tu Estado Miembro, citas de declaraciones hechas por tu Jefe de Estado, Jefe de Gobierno, ministros, delegados ante la ONU y otros documentos internacionales relevantes, entre otros:
  - Informes del Secretario General de la ONU sobre el tema
  - Recomendaciones para acciones a adoptar por el Comité
  - Una conclusión que reafirme la posición del país asignado respecto al tema

Las estadísticas relevantes, citas y otra información de diferentes fuentes deben ser citadas en un formato de citación académica aceptado.

No utilices la primera persona en el documento de posición. En su lugar, utiliza simplemente el nombre de la delegación o expresiones alternativas como "nuestro gobierno", "nuestro país", "nuestra nación". Los documentos de posición largos que presenten la historia de una nación o información de fondo sobre el tema no son útiles. Una visión general simple y concisa es lo mejor.

Capítulo 4

ESQUEMA PASO A PASO PARA ORGANIZAR UNA CONFERENCIA DEL MODELO ONU

SECRETARIO GENERAL ANTÓNIO GUTERRES CON DOS PARTICIPANTES DEL MODELO ONU. FOTO: ONU / MARK GARTEN

ESTUDIANTE ABORDANDO EL MODELO ONU. FOTO: ONU / MARK GARTEN

PRE-CONFERENCIA

Paso 1: Decidir una Estructura de Liderazgo para la Conferencia General

Este paso implica elegir a un Presidente que lidere al equipo encargado de organizar la conferencia. También conlleva la creación de una Mesa Directiva o de un grupo de Mesas que comiencen a trabajar en los temas que se debatirán, así como en asuntos organizativos hasta que se elijan los líderes de la conferencia. Aquí tienes algunos ejemplos de Mesas que podrías formar:

- Mesa Ejecutiva, encabezada por un Presidente, que supervisa el trabajo de los comités directivos. La Mesa Ejecutiva toma decisiones básicas sobre la duración de la conferencia y las Reglas de Procedimiento. También decide cuántos días se dedicarán a actividades previas a la conferencia y cuántos días se dedicarán a simular otras actividades.
- Mesa del Programa, que recomienda cuáles de las Mesas Principales de la AG serán simuladas. Esta Mesa también decide cuántos temas se debatirán en cada una y redacta un Programa para la conferencia.
- Mesa de Comunicaciones, que desarrolla una estrategia de comunicación.
- Mesa de Logística, que propone un lugar para la conferencia, se encarga del alojamiento y transporte de los delegados, propone eventos sociales y gestiona el proceso de inscripción.

- Mesa de Recaudación de Fondos y Patrocinios, que busca patrocinadores para la conferencia en el sector privado y entre otros grupos, como fundaciones.
- Mesa de Finanzas y Presupuesto, que determina cuánto costará la conferencia de inicio a fin y que también gestiona el presupuesto.

Paso 2: Decidir Qué Cargos de Liderazgo son Necesarios

El número de funcionarios dependerá, en parte, del tamaño de la conferencia. Te recomendamos los siguientes:

Asamblea General

- PAG.
- Vicepresidentes (VP). (Esto dependerá del tamaño de la conferencia, pero sería ideal tener al menos un VP por cada grupo regional).
- Presidente. (Uno por mesa).
- Vicepresidente. (Hasta tres por mesa, en función del tamaño de la conferencia).
- Relator. (Uno por mesa).

Secretaría

- Secretario General.
- Subsecretario General. (Opcional, en función del tamaño de la conferencia).
- Subsecretario General para Asuntos Políticos y de Consolidación de la Paz. (Importante para simulaciones del Consejo de Seguridad).
- Subsecretario General para Asuntos Económicos y Sociales. (Este puesto es muy importante para el trabajo de la Segunda Mesa [Económica y Financiera] y de la Tercera Mesa [Social, Humanitaria y Cultural] porque realiza presentaciones sobre temas significativos, como el desarrollo sostenible y los derechos humanos).
- Subsecretario para Asuntos de la AG y Gestión de Conferencias. (Este puesto es crucial para el éxito de la conferencia, ya que supervisa todos sus aspectos logísticos. Esto incluye preparar las salas, crear señalización para los delegados, supervisar el registro y encontrar alojamiento para los delegados. El trabajo también incluye la distribución de copias de los borradores de las resoluciones).
- Subsecretario para Comunicaciones Globales. (Este subsecretario aumenta la visibilidad de la conferencia trabajando en los medios para cubrirla y realizar entrevistas. También emite comunicados de

prensa, documenta la conferencia y publica un boletín informativo que mantiene a los delegados al tanto de lo que está ocurriendo).

- Secretario. (Uno por mesa. El Secretario es responsable de asesorar al Presidente en asuntos relacionados con Reglas de Procedimiento. Además, el Secretario proporciona los guiones de los que el Presidente debe decir durante cada reunión de la mesa).

Se pueden añadir otros cargos, en función de lo que tenga más sentido según el contenido de la conferencia.

Paso 3: Promocionar la Conferencia y Configurar un Proceso de Registro

Considera promocionar tu Modelo ONU a través de un sitio web específico de la escuela o club, o mediante redes sociales. Si configuras un sitio web, asegúrate de incluir información relacionada con la fecha, la hora y la ubicación de la primera reunión y enlaces de inscripción electrónica. También puedes utilizar redes sociales para generar interés en tu Modelo ONU. Finalmente, en la mayoría de las escuelas y universidades, puedes pedirle a un departamento, generalmente el de historia, derecho o ciencias políticas, que envíe la información de tu club junto con los correos habituales destinados a los estudiantes. Esto ayudará a que tu información llegue a cualquier estudiante involucrado en ese campo de estudio que pueda estar interesado en participar en un Modelo ONU.

También puedes colocar carteles con información similar en los boletines de anuncios y en las aulas, y solicitar que se incluya la noticia de tu Modelo ONU en los anuncios diarios o semanales de la escuela.

Paso 4: Seleccionar y Capacitar a los Líderes

La selección de los líderes debe llevarse a cabo de manera justa y transparente. Esto ayudará a garantizar que los líderes representen la mayor cantidad posible de grupos regionales y que haya un equilibrio de género.

Una vez que se hayan seleccionado los líderes y que se hayan elegido los funcionarios de la AG y la Secretaría, se debe proporcionar capacitación para asegurarse de que se familiaricen con las Reglas de Procedimiento, así como con sus roles y responsabilidades.

Paso 5: Establecer un Cronograma para la Redacción y Difusión de la Información y Documentación Importante de la AG y de la Secretaría

Estos documentos incluyen:

- Memorándum del Secretario General sobre la Organización de la sesión regular número xx de la Asamblea General de [insertar nombre del Modelo ONU].

- Versión comentada de la lista preliminar de temas que se incluirán en la agenda provisional de la Asamblea General de [insertar nombre del Modelo ONU].
- Informe de la Mesa General.
- Informes del Secretario General sobre cada tema del debate. Estos informes deben ofrecer a los delegados una visión general del asunto, los desafíos que deben enfrentar, lo que la ONU ha hecho hasta ahora y lo que aún necesita hacerse.
- Guiones para el Presidente de cada Mesa. Estos deben completarse antes de la conferencia para guiar al Presidente sobre qué decir al gestionar cada frase del trabajo de la Mesa. Estos guiones también deben redactarse de manera objetiva para abordar cualquier situación que pueda surgir.
- Una Guía para Delegados que contenga información sobre:
  - La organización de la conferencia,
  - Temas a debatir
  - Directrices sobre la redacción y presentación de documentos de posición,
  - Lo que ocurrirá durante las reuniones Plenarias y de la Mesa,
  - Como inscribirse en la lista de oradores,
  - Herramientas digitales para ayudar a los delegados a comunicarse antes de la conferencia y los documentos que necesitarán preparar,
  - Detalles importantes sobre las Reglas de Procedimiento y cómo pueden diferir de otras conferencias en las que los delegados hayan participado,
  - Una descripción de lo que significa consenso,
  - Información sobre los grupos regionales,
  - Una visión general del proceso para presentar resoluciones y enmiendas,
  - Una descripción de la política de premios, e
  - Información sobre la selección y el papel de los delegados principales.
- El Programa de Trabajo para cada Mesa que se distribuirá al comienzo de la primera reunión.

Paso 6: Asignar Países y Temas a los Participantes de la Conferencia

Este paso crucial requiere una cuidadosa consideración. En muchas conferencias del Modelo ONU, las escuelas envían equipos de delegados que trabajan juntos. En estos casos, se asigna un país y un tema a un equipo de estudiantes que asisten a la misma escuela.

Una forma alternativa de organizar las delegaciones es reunir delegaciones compuestas por estudiantes de diferentes lugares. En otras palabras, ningún par de estudiantes en una delegación proviene de la misma escuela. Esto requiere más trabajo, pero resulta más gratificante. La experiencia de tener estudiantes de diferentes escuelas trabajando juntos para representar al mismo país es muy enriquecedora.

Al elegir la composición de una delegación, considera los siguientes factores:

- La distribución geográfica de los delegados que están trabajando juntos

EL SECRETARIO GENERAL DE LA ONU ANTÓNIO GUTERRES SALUDANDO A UNA ESTUDIANTE EN EL MODELO ONU. FOTO: ONU / MARK GARTEN

- El equilibrio de género de la delegación
- La cantidad de conferencias del Modelo ONU a las que han asistido los delegados

Apunta a delegaciones que sean geográficamente diversas y equilibradas en cuanto al género. Las delegaciones también deben incluir delegados con un rango de experiencia en conferencias del Modelo ONU. De esta manera, los delegados más experimentados servirán de guía para los menos experimentados. El delegado de Modelo ONU más experimentado debe ser el delegado principal.

Establece una fecha límite para la presentación de los documentos de posición a los Presidentes de la Mesa, y asegúrate de que las directrices para redactar estos documentos estén disponibles para todos los participantes. Los presidentes deben revisar cada documento de posición y devolverlos con comentarios antes de la conferencia.

Paso 7: Crear un Espacio en Línea o Sitio Web donde los Delegados puedan trabajar juntos antes de la Conferencia

Un espacio en línea o sitio web puede permitir a los delegados acceder a la información sobre cuándo será la conferencia y cómo pueden postularse. También puede ayudar a los delegados a comunicarse entre sí.

Paso 8: Involucrarse con los futuros participantes

Realiza charlas en vivo por video o algún otro formato con expertos sobre los temas a discutir y aspectos importantes de la conferencia, por ejemplo, cómo redactar una resolución, las Reglas de Procedimiento o discusiones sobre qué grupos regionales o políticos son más propensos a presentar resoluciones en cada Mesa.

Paso 9: Distribuir el programa de la conferencia

Distribuye el programa de la conferencia lo más pronto posible antes de la misma.

Paso 10: Reunir a los funcionarios del Modelo ONU antes de la Conferencia

Reúne a los funcionarios del Modelo ONU varios días antes de la conferencia y dales tiempo para completar sus preparativos. Estos preparativos deben incluir, entre otros, la redacción de discursos, la creación de guiones para los Presidentes y la preparación del lugar.

Paso 11: Reclutar voluntarios

Recluta voluntarios para asistir en tantos aspectos de la conferencia como sea necesario y organiza una capacitación antes de que comience la conferencia. Además, crea un manual que detalle lo que los voluntarios deben hacer.

Nunca debes subestimar la importancia de los voluntarios para el buen desarrollo de una conferencia. Haz una lista de todas las tareas que requieren asistencia adicional. Luego, organiza una sesión de capacitación para los voluntarios antes de la conferencia de modo que comprendan claramente lo que se espera de ellos.

Paso 12: Organizar talleres

Reserva uno o dos días antes de la conferencia para organizar talleres en el lugar del evento. (Consulta el programa de ejemplo).

Programa de ejemplo de un taller de Modelo ONU

[Ubicación]

[Fechas]

El taller está organizado por _______________ y está dirigido a estudiantes y asesores de Modelos ONU que sean responsables de una conferencia del Modelo ONU o que estén interesados en organizar una conferencia del Modelo ONU.

El objetivo del taller es analizar cómo las simulaciones de Modelos ONU pueden reflejar de manera más precisa el proceso de toma de decisiones tal como ocurre comúnmente en la ONU.

El taller proporcionará a los participantes información detallada sobre:

- El alcance del trabajo de la Asamblea General de la ONU (AG) y el Consejo de Seguridad de la ONU (CS).
- La estructura de liderazgo adecuada para simular la relación entre la Asamblea General y la Secretaría de la ONU.
- Los tres componentes del proceso de toma decisiones: Debate General, Consultas Informales y Toma de Decisiones, y cómo presidir reuniones en cada una de estas fases.
- Las Reglas de Procedimiento utilizadas en la ONU y cómo pueden diferir de las reglas usadas en otros programas de Modelo ONU.
- Cómo el proceso de negociación en la ONU ha cambiado hacia un enfoque para alcanzar consenso y lo que esto significa realmente.
- Cómo organizar simulaciones de las reuniones plenarias de la AG, las Mesas y las reuniones del CS para maximizar el apoyo al consenso en todos los puntos de discusión de la agenda.

- El rol de los facilitadores al apoyar el impulso hacia el consenso. El papel de la revisión de cada borrador de resolución línea por línea para llegar al consenso.
- Cómo crear un texto de compilación para guiar las consultas informales.
- El rol del Presidente de la Asamblea General (PAG), el Secretario General (SG) y el Presidente del CS en el proceso de negociación.
- El rol de los grupos políticos.
- Redacción de resoluciones de la Asamblea General, guiones para las reuniones plenarias y de las Mesas, y otros documentos de la AG.
- Documentos de posición y asignaciones de países.
- Redacción de resoluciones del CS y otros documentos resultantes.

Además, el taller ofrecerá a los participantes la oportunidad de aprender conceptos clave mediante actividades prácticas.

	DÍA 1
8:15 – 9:00 a.m.	Llegada y registro
9:00 – 9:30 a.m.	Bienvenida y presentaciones
9:30 – 10:00 a.m.	Preparando el contexto: visión general del taller
10:00 – 10:15 a.m.	***RECESO***
	Visión general del proceso de toma de decisiones en la AG
10:15 – 12:15 a.m.	Visión general del proceso de toma de decisiones en la AG y el rol del consenso
12:15 – 1:45 p.m.	***ALMUERZO***
1:45 – 3:00 p.m.	Actividad de construcción de consenso
3:00 –3:15 p.m.	***RECESO***
3:15 – 4:15 p.m.	Introducción a las reglas de procedimiento y uso de guiones para guiar a los Presidentes en la conducción de las reuniones
4:15 – 5:30 p.m.	Organización del trabajo y qué ocurre cuando no se alcanza el consenso
5:30 – 6:00 p.m.	**Cierre del Día 1** Sesión de preguntas y respuestas

	DÍA 2
9:00 – 10:30 a.m.	Proceso de negociación: comprender la relación entre informales formales e informales informales para seguir el proceso de las negociaciones y el uso de facilitadores para apoyar el proceso de construcción de consenso
10:30 – 10:45 a.m.	***RECESO***
10:45 – 11:15 a.m.	Rol de los bloques políticos en el proceso de negociación
11:15 – 12:15 p.m.	Redacción de resoluciones de la AG
12:15 – 1:30 p.m.	***ALMUERZO***
1:30 – 2:15 p.m.	Ejercicio de redacción de resoluciones
2:15 – 3:30 p.m.	Cómo realizar una revisión línea por línea de un borrador de resolución
3:30 – 3:45 p.m.	***RECESO***
3:45 – 5:00 p.m.	Estructura de liderazgo: comprender la relación entre la AG y la Secretaría de la ONU
5:00 – 6:00 p.m.	**Cierre del DÍA 2** Sesión de preguntas y respuestas

DÍA 3	
	Enfoque en la fase de acción
9:00 – 10:00 a.m.	Revisión de los documentos necesarios para simular las reuniones de la AG y comprensión de los símbolos de los documentos
10:00 – 10:30 a.m.	Asignación de países y temas
10:30 – 11:00 a.m.	Recursos de la ONU para ayudar en la preparación de una conferencia
11:00 – 11:15 a.m.	***RECESO***
11:15 – 11:30 a.m.	El Consejo de Seguridad - Video
11:30 – 12:45 p.m.	Visión general del Consejo de Seguridad y el rol del Presidente del CS
12:45 – 2:00 p.m.	***ALMUERZO***
2:00 – 3:00 p.m.	Revisión de similitudes y diferencias entre las reglas de procedimiento y el proceso de negociación de la AG y el CS
3:00 – 4:00 p.m.	El rol del Director y el proceso de redacción de resoluciones en el CS
4:00 – 4:15 p.m.	***RECESO***
4:15 – 4:45 p.m.	Revisión de los documentos utilizados en el CS (elementos de prensa, declaraciones de prensa, declaraciones presidenciales) y el rol del consenso
4:45 – 5:15 p.m.	Uso de los registros literales del CS para crear guiones para el Presidente
5:15 – 6:00 p.m.	Cierre del Día 3, próximos pasos y comentarios finales

Los talleres deben incluir formación sobre las Reglas de Procedimiento y sesiones informativas sobre temas de interés para los delegados. Estos pueden centrarse en cuestiones fundamentales relacionadas con los puntos de discusión de la conferencia. No obstante, también pueden centrarse en cuestiones de interés general, como información sobre la labor de la Secretaría de la ONU, organismos especializados, fondos, programas, institutos y entidades de la Organización, así como sobre el empleo en la ONU.

DURANTE LA CONFERENCIA

Reunión Plenaria de la Asamblea General

El orden de los puntos durante la primera reunión plenaria de la AG debería ser la siguiente:

1. Declaración del PAG
2. Minuto de silencio para oración o meditación
3. Declaración del Secretario General
4. Organización del trabajo, informe del Comité General, adopción de la agenda y asignación de puntos
5. Declaraciones de los jefes de delegación. Las delegaciones deberán solicitar estar en la lista de oradores enviando un correo electrónico a la Secretaría del Modelo ONU antes de la reunión plenaria. El nú-

mero de delegados que podrán hablar dependerá del tiempo disponible y del número de delegaciones. Si el tiempo es limitado, se debe dar prioridad a los jefes de los grupos regionales.

Reuniones del Comité

Paso 1

Asegúrate de que cada Mesa cuente con una Mesa directiva compuesta por un Presidente, un Vicepresidente, un Relator y un Secretario. Las únicas personas que deben estar sentadas en el podio en cualquier momento son el Presidente, el Relator y el Secretario. Si se ha invitado a un experto para una sesión interactiva con la Mesa, también deberá estar en el podio.

Paso 2

Al inicio de la primera reunión de la Mesa, el Presidente debe revisar el Programa de Trabajo que servirá de marco para sus deliberaciones. Durante las reuniones formales, las deliberaciones sobre cada punto de la agenda asignado a una Mesa se dividen en dos partes: 1) una fase de discusión y 2) una fase de acción. La fase de discusión es el momento en el que las delegaciones hacen declaraciones sobre el punto de la agenda en discusión. Los delegados deben informar al Secretario del comité que desean estar en la lista de ora-

ESTUDIANTE DEL MODELO ONU. FOTO: ONU / JEAN-MARC FERRÉ

dores. El orden de los oradores se basa en el principio de "primero en llegar, primero en hablar". El Presidente decidirá si la lista de oradores permanecerá abierta durante la reunión o si debe establecerse un plazo para las solicitudes. Mientras se lleva a cabo la fase de discusión, los patrocinadores de una resolución deben trabajar paralelamente para generar apoyo e identificar qué delegaciones desean ser copatrocinadoras. El Secretario debe investigar antes de la conferencia para determinar qué delegaciones, o qué grupos regionales o políticos, son más propensos a patrocinar o copatrocinar una resolución. Los bloques deben trabajar juntos en el borrador de la resolución antes de presentarlo formalmente.

Paso 3

Asigna tiempo al inicio de la primera reunión de la Mesa para una sesión interactiva con un experto en el tema que se está debatiendo. Si no hay un experto disponible, uno de los SSG del Modelo ONU debería poder informar a los delegados.

Paso 4

Programa tiempo cada día para que la Mesa General y las Mesas directivas se reúnan y revisen el progreso realizado. Este tiempo también permitirá que la Mesa General y las Mesas identifiquen las diferencias entre sus posiciones sobre los temas en debate que podrían afectar si una resolución se adopta por consenso o no. Además, asegúrate de que los jefes de delegación tengan tiempo para reunirse con sus equipos.

Paso 5

Asigna facilitadores (por ejemplo, un vicepresidente de la AG, un jefe de delegación o un delegado con habilidades diplomáticas) para ayudar a las delegaciones a alcanzar el consenso cuando sea necesario.

Paso 6

Una vez que esté lista, presenta la resolución preliminar al Secretario del comité para que se puedan distribuir copias a los delegados. Después de que los delegados hayan tenido tiempo suficiente para leerla, el patrocinador principal podrá presentarla durante una de las reuniones formales de la Mesa.

Paso 7

Poco después de presentar una resolución preliminar, programa una reunión informal para revisarla línea por línea. Tras cada revisión, distribuye un "texto compilado" que refleje el estado del proceso de negociación. A veces, una resolución preliminar necesita varias revisiones antes de que se logre el consenso. Si se alcanza consenso durante el proceso de revisión, se debe informar a la Mesa directiva que la resolución será adoptada por consenso. Sin embargo, si hay dificultades para lograr el consenso, el presidente puede designar un facilitador para ayudar a resolver los problemas pendientes. Durante las conferencias del Modelo ONU, los delegados deben tener en cuenta las limitaciones de tiempo al negociar una resolución. A veces, aunque se cuente con la ayuda de un facilitador, no es posible alcanzar el consenso. En ese caso, la delegación que desee solicitar una votación debe notificar al Secretario de la Mesa. En cualquier caso, es fundamental recordar que el concepto de consenso es central para los valores de la ONU.

Paso 8

Si no se logra consenso sobre el texto, cualquier delegado que no sea patrocinador y que desee proponer una enmienda a la resolución preliminar puede hacerlo en la primera reunión formal destinada a revisar el texto de la resolución. Al igual que con una resolución preliminar, una enmienda debe presentarse al Secretario del comité con tiempo suficiente para que sea distribuida antes de la votación. Si hay más de una enmienda, se tomará acción sobre cada una en el orden en que fueron recibidas. Las enmiendas son introducidas por los Estados Miembros cuando no se puede lograr consenso en una resolución preliminar. En algunos casos, los Estados Miembros que se oponen firmemente a una resolución, o a una enmienda a una resolución, pueden levantar una Moción de Orden y proponer una Moción de Suspensión del Debate. Esto se conoce como una Moción de No Acción, ya que, si la mayoría de los Estados Miembros presentes votan a favor de suspender el debate, no se toma ninguna acción sobre la resolución o enmienda. Si bien el resultado es el mismo que si la resolución o enmienda fuera rechazada en una votación, la Moción de Suspensión del Debate puede limitar gravemente la discusión sobre el tema antes de tomar una medida.

Paso 9

Repite estos pasos para cada resolución presentada. Considera cuidadosamente cuántos temas deben asignarse a cada Mesa. Dado el límite de tiempo, es altamente recomendable dejar suficiente tiempo para discutir una resolución en profundidad en lugar de varias. Para lograr un resultado exitoso, a menudo es fundamental dar lugar a consultas informales y constructivas entre los delegados para resolver diferentes puntos de vista sobre cómo debe revisarse un texto.

DIRECTRICES PARA EL USO DEL EMBLEMA Y LA BANDERA DE LA ONU

LA BANDERA DE LAS NACIONES UNIDAS. FOTO: ONU / MARK GARTEN

El emblema de la ONU fue aprobado por la Asamblea General el 7 de diciembre de 1946. El emblema consiste en un mapa del mundo en una proyección azimutal equidistante polar, rodeado por dos ramas de olivo. Estos dos símbolos hablan por sí mismos: la rama de olivo es un símbolo de paz, mientras que el mapa del mundo representa a la Organización en su misión de alcanzar la paz mundial.

La bandera y el emblema de las Naciones Unidas se han convertido en símbolos icónicos de la ONU mientras realiza su labor en la esfera internacional. En la práctica, esto permite identificar a la Organización en áreas de conflicto y tensión para todas las partes involucradas. La bandera y el emblema son símbolos aspiracionales, ya que reflejan las esperanzas y sueños de los pueblos del mundo en su búsqueda de paz y unidad.

SALA DE LA ASAMBLEA GENERAL DE LA ONU DURANTE EL MODELO ONU. FOTO DE LA ONU / LOEY FELIPE

El uso y exhibición del emblema de la ONU están restringidos y limitados exclusivamente a la ONU para sus actividades oficiales. El uso de versiones modificadas del emblema de la ONU para Modelos de Naciones Unidas (MUN) está sujeto a una autorización previa por escrito de la ONU.

El uso de la bandera de las Naciones Unidas está permitido de acuerdo con el Código de la Bandera de la ONU. Las simulaciones de Modelos de Naciones Unidas, las organizaciones y los individuos pueden mostrar su apoyo a la ONU exhibiendo su bandera, siempre y cuando: no sugiera ninguna afiliación entre la ONU y la organización o el individuo que la exhibe; no se utilice para obtener ventaja comercial o ganancia financiera; y su uso esté limitado en duración y sea temporal.

Al organizar y promover un Modelo de Naciones Unidas, no se permite representar públicamente o insinuar una asociación o afiliación con la ONU sin el consentimiento previo por escrito de la Organización.

Para obtener información adicional sobre el emblema y la bandera de la ONU, consulta el sitio web de la Organización en: *https://research.un.org/en/maps/flags*

Capítulo 5

REUNIONES FORMALES E INFORMALES

ESTUDIANTES DEL MODELO ONU. FOTO: ONU / MANUEL ELIAS

Esta sección describe tanto los procedimientos formales como los procesos informales que experimentarás al participar en una conferencia del Modelo ONU.

PROCEDIMIENTOS FORMALES

Fase de Acción: Toma de Decisiones

Después de debatir un tema en la agenda, generalmente se pasa a una resolución o toma de decisiones. Las resoluciones de la Asamblea General muestran el nivel de acuerdo entre los países, además de reflejar cómo evolucionan las ideas políticas y el estado de la cooperación global sobre un tema en particular.

En esta sección explicamos el proceso para llegar a una resolución o decisión. Esto incluye redactar un texto, presentar un borrador de resolución y decidir ("tomar una medida") sobre este. Durante el proceso, se llevan a cabo consultas y negociaciones de distintas formas. El objetivo siempre es lograr un acuerdo, o al menos acercarse lo más posible a éste.

Redacción de un Texto de Resolución

La mayoría de los borradores de resoluciones son redactados inicialmente por un Estado Miembro. A solicitud de éste, la Secretaría de la ONU puede ayudar en el proceso de redacción. El Estado Miembro que inicia y redacta el texto de una resolución se llama "patrocinador" de la resolución. Si hay copatrocinadores, este Estado se denomina el "patrocinador principal".

Muchas resoluciones se basan en decisiones previas y contienen sólo algunos cambios de un año a otro. Si los cambios son mínimos, se recomienda encarecidamente a los patrocinadores que destaquen las partes del texto que son diferentes respecto a las resoluciones anteriores.

En algunos casos, las nuevas resoluciones se basan en informes del Secretario General que contienen recomendaciones para borradores de resoluciones. En otros casos, están fundamentadas en informes con recomendaciones de un órgano subsidiario creado por la Asamblea General, como juntas, comités, comisiones, consejos, paneles o grupos de trabajo.

Presentación de un Borrador de Resolución (Documento-L)

"Presentación" es un término técnico que se refiere a la acción formal de someter un borrador de resolución a la AG. Según las Reglas de Procedimiento de la AG, los borradores de resoluciones son llamados "propuestas".

Solo los Estados Miembros o el Presidente de la Asamblea General (PAG) pueden presentar borradores de resolución. Cuando un grupo de Estados Miembros presenta una resolución, esta acción generalmente la realiza el Presidente del grupo en nombre del mismo.

Un borrador de resolución debe ser presentado bajo un tema específico de la agenda. El patrocinador principal no necesita esperar a que el Debate General termine para presentar una resolución, ya que es posible hacerlo desde el momento en que se adopta la agenda de la AG. Sin embargo, no se puede presentar ninguna resolución después de que el tema de la agenda haya sido cerrado, a menos que la AG decida formalmente reabrirlo.

Para ser presentado, el texto del borrador debe ser entregado en persona a un funcionario de Asuntos de la AG durante cualquier reunión formal de la AG o en las oficinas del Departamento de la Asamblea General y de Gestión de Conferencias (DAGGC). La entrega debe incluir una versión electrónica y una copia impresa del texto. Cada página debe estar firmada y fechada, y el documento debe contener una lista de los copatrocinadores iniciales, además de indicar el tema de la agenda bajo el cual se presenta la resolución. El borrador se considera formalmente presentado cuando el patrocinador y el DAGGC firman el certificado de presentación. *En una conferencia del Modelo ONU, este proceso podría implementarse fácilmente exigiendo que todas las resoluciones sean presentadas al Secretario de un Comité.*

Una vez presentada, la Secretaría de la ONU da formato al texto como un documento oficial de la AG, conocido como "Documento-L". Este documento es traducido a los seis idiomas oficiales de la ONU y es distribuido a todos los Estados Miembros. La Secretaría de la ONU necesita un mínimo de tres días para procesar un borrador de resolución.

La "L" en los Documentos L significa "distribución limitada". Antes de la era del correo electrónico, las copias impresas de los Documentos L solo se distribuían a las Misiones Permanentes y no se enviaban a las capitales de los Estados Miembros.

En el contexto de las conferencias del Modelo ONU, los borradores de resolución generalmente no se traducen debido a limitaciones en cuanto al tiempo, pero es esencial que sean distribuidos a todos los delegados de un Comité lo antes posible.

Copatrocinadores

Al recibir la invitación del patrocinador principal, los Estados Miembros pueden expresar formalmente su apoyo a un borrador de resolución mediante el "copatrocinio". Esto se realiza firmando un formulario oficial de copatrocinio, que está disponible a través del patrocinador principal. El "Documento-L" incluye únicamente a los copatrocinadores que firmen el formulario antes de que el borrador sea presentado. Un anexo al "Documento-L" enumera a los Estados Miembros que firmen el formulario de copatrocinio después de la presentación. Un funcionario de Asuntos de la AG lee sus nombres antes de que se adopte la resolución. La lista se cierra inmediatamente después de la adopción de la resolución. *En algunas conferencias del Modelo ONU, se requiere un número específico de copatrocinadores para que una resolución sea considerada. Sin embargo, no existen tales limitaciones en la AG.*

Los patrocinadores o copatrocinadores "son los dueños" de un borrador de resolución. Esto significa que el texto les pertenece, y aunque generalmente lo discuten con otras delegaciones, cualquier cambio al texto debe ser realizado por ellos mismos. Los cambios que los autores de la propuesta hacen a un borrador son llamados revisiones.

En muchas conferencias, las delegaciones dedican gran parte de su tiempo a discutir sus borradores con otras delegaciones y dentro de los grupos de copatrocinadores, evaluando qué revisiones aceptar. Copatrocinar una resolución es una forma de expresar un fuerte respaldo hacia la misma.

Todos los copatrocinadores serán mencionados en el acta literal de la reunión cuando se adopte la resolución. Sin embargo, la lista de copatrocinadores no aparece en la versión final publicada de la resolución.

Redacción y Negociación

La redacción y la negociación están estrechamente relacionadas, ya que el objeto de las negociaciones a menudo implica llegar a un acuerdo sobre las palabras que se utilizarán para describir una acción que se tomará respecto a un punto específico de la agenda.

Consideración y Acción Sobre un Borrador de Resolución

Una vez presentado, la AG considera un proyecto de resolución o decisión. Esto significa que se presenta el Documento-L y se toma una decisión sobre su adopción. A esto se le llama "tomar una acción".

El DAGGC consulta con los patrocinadores para decidir la fecha de la reunión plenaria formal en la que se discutirá el Documento-L. Si hay más de una resolución presentada bajo el mismo tema de la agenda, las resoluciones se programan para acción en el orden en que fueron presentadas. Hasta que no se tome una acción, el patrocinador principal puede retirar el borrador de resolución o decisión en cualquier momento, siempre que ningún otro Estado Miembro haya propuesto enmiendas. Un borrador retirado puede ser reintroducido por otro Estado Miembro.

La "regla de las 24 horas" establece que un borrador de resolución debe distribuirse a todos los Estados Miembros el día anterior a su consideración para adopción. Esta regla puede suspenderse mediante una decisión oral, que generalmente es propuesta por el PAG o el Presidente del Comité Principal, y se implementa de inmediato. La adopción suele hacerse por consenso.

Presentación Formal del Documento-L

En la reunión formal donde se considera el Documento-L, el patrocinador del borrador de resolución o decisión puede presentar el texto, resumiendo su contenido y propósito, además de señalar posibles errores ortográficos u otros fallos. La presentación puede ser seguida por la toma de acción sobre el borrador, aunque esta también puede posponerse si se requieren más consultas y negociaciones. Por lo general, no se toma acción sobre resoluciones o decisiones antes de que el debate sobre el tema de la agenda haya concluido.

En la Plenaria, los Estados Miembros no hacen declaraciones en respuesta a la presentación del Documento-L, salvo que ejerzan el derecho a réplica o si el debate sobre el tema continúa. Al momento de la acción sobre el borrador de resolución, se pueden ofrecer explicaciones de voto. En los Comités Principales, la presentación de un Documento-L puede ir seguida de comentarios generales.

Tomar Acción

Un borrador de resolución o decisión puede ser adoptado por consenso o mediante votación. En la AG, las decisiones se toman por mayoría simple o por mayoría de dos tercios. Según las Reglas de Procedimiento de la AG, las siguientes "cuestiones importantes" requieren una mayoría de dos tercios:

- Mantenimiento de la paz y la seguridad internacionales
- Admisión de nuevos miembros
- Suspensión y expulsión de miembros
- Todas las cuestiones presupuestarias

La AG puede decidir incluir otros temas en la categoría de "cuestiones importantes" por mayoría simple.

La mayoría se calcula con base en el número de "miembros presentes y votando" (es decir, aquellos que emiten un voto afirmativo o negativo). Las abstenciones no se cuentan como "votos".

En caso de empate en la Plenaria, la votación se repite una vez. Si el segundo voto también resulta en un empate, se rechaza el borrador de resolución o decisión. En un Comité Principal, un empate en la votación significa que el borrador de resolución o decisión es rechazado sin necesidad de una segunda votación.

Prácticas De Negociación y Consulta

Existen diversas prácticas para consultar a los Estados Miembros sobre un borrador de resolución o decisión antes de su adopción formal. Se pueden distinguir tres modelos básicos:

- **Negociaciones Previas a la Presentación.** El patrocinador principal consulta con los Estados Miembros y lleva a cabo negociaciones informales sobre el borrador antes de presentarlo, con el objetivo de presentar la "mejor versión posible". Esto permite que se tome una acción inmediatamente después de la introducción del Documento-L. Ésta es la práctica habitual en la Plenaria.

- **Negociaciones Posteriores a la Presentación.** El patrocinador principal presenta un borrador de resolución o decisión sin realizar consultas previas. Tras la introducción del Documento-L, se llevan a cabo negociaciones informales lideradas por el patrocinador principal o por un facilitador designado por el Presidente de un Comité Principal. Si se alcanza consenso, el texto negociado reemplaza al borrador original. Esto se realiza de dos formas. O el patrocinador retira el Documento-L original, y se emite un nuevo Documento-L después de que un miembro de la Mesa haya presentado el texto negociado, o bien el patrocinador presenta el texto negociado como una revisión del Documento-L original (emitido como L.xx/Rev.1). En ambos casos, la resolución o decisión se adopta por consenso. Si las negociaciones no logran consenso, el patrocinador puede solicitar una acción sobre el Documento-L original o sobre el texto negociado (emitido como L.xx/Rev.1). En ambos casos, el borrador de resolución o decisión se somete a votación y es a menudo acompañado de propuestas de enmiendas y solicitudes para votaciones por párrafos.
- **Consultas lideradas por el PAG.** Las resoluciones de la AG pueden autorizar al PAG a liderar consultas sobre un tema específico o sobre resoluciones o decisiones como un documento final. En tales casos, el PAG designa a uno o más Representantes Permanentes como facilitadores. Si se alcanza el consenso, el PAG puede presentar la resolución o decisión en su nombre. Si no se alcanza consenso, se adopta una decisión de procedimiento, que a veces solicita más consultas en una futura sesión de la AG.

Propuestas, Revisiones y Enmiendas

En algún momento, debe presentarse o introducirse formalmente una propuesta en la conferencia. En la mayoría de las conferencias, el texto debe distribuirse por la Secretaría de la ONU a todas las delegaciones al menos 24 horas antes de su introducción formal. Al presentar formalmente el borrador de resolución u otra propuesta, el patrocinador o el copatrocinador principal hace una declaración explicando el propósito y el contenido de la propuesta, y proporciona argumentos en apoyo del borrador.

Hasta ese momento, la propuesta no tiene existencia formal. Todavía puede ser revisada (o incluso retirada) por sus proponentes, y una vez que se somete a decisión, puede ser modificada, esta vez por la conferencia en su conjunto. Los cambios realizados por la conferencia en su conjunto se llaman enmiendas, y cada borrador de enmienda debe ser formalmente propuesto (es decir, presentado) a la conferencia.

Las propuestas relacionadas con cuestiones de procedimiento se llaman mociones. Las Reglas de Procedimiento generalmente establecen que las mociones de procedimiento se traten de manera diferente a las propuestas sustantivas. Por lo general, incluyen limitaciones en el debate y a menudo permiten que sean decididas mediante votación.

Implicancias Presupuestarias de los Programas De Borradores De Resolución

Antes de que se pueda tomar una acción sobre un borrador de resolución, el Comité debe considerar si las acciones propuestas en el borrador tienen implicancias presupuestarias.

Según la Regla 153 de las Reglas de Procedimiento de la AG:

"Ninguna resolución que implique gastos será recomendada por un comité para su aprobación por la Asamblea General, a menos que esté acompañada por una estimación de gastos preparada por el Secretario General. Ninguna resolución respecto a la cual el Secretario General anticipe gastos será sometida a votación por la Asamblea General hasta que el Comité Administrativo y Presupuestario (Quinto Comité) haya tenido la oportunidad de precisar el efecto de la propuesta sobre las estimaciones presupuestarias de las Naciones Unidas".

Antes de tomar una acción sobre una resolución, el Secretario General presenta una declaración sobre las implicancias presupuestarias del programa (PBI, por sus siglas en inglés) asociadas a un borrador de resolución en particular. La Comisión Consultiva en Asuntos Administrativos y de Presupuesto (CCAAP) emite luego un informe relacionado. El Quinto Comité considera ambos documentos antes de presentar su informe al Comité. Justo antes de que los Estados Miembros tomen una acción sobre una resolución, el Secretario lee el informe a todos los delegados, porque es importante que comprendan las implicancias financieras en caso de que la resolución sea adoptada.

En las conferencias del Modelo ONU, generalmente no se incluye este componente, pero es importante que los delegados sean conscientes de las implicancias presupuestarias de lo que proponen. Recomendamos que las conferencias del Modelo ONU encuentren una forma razonable de incorporar este aspecto. Si no se simula el Quinto Comité, se podría pedir a algunos delegados con conocimientos en economía que actúen como representantes del Quinto Comité, que revisen cada borrador de resolución y que presenten un breve informe al Comité antes de que se tome una acción sobre este. Esto añade valor a la conferencia porque obliga a los delegados a considerar si sus propuestas pudiesen ser implementadas con los recursos disponibles.

La Votación frente al Consenso

Por Qué Generalmente Se Prefiere El Consenso

Originalmente, la ONU y sus agencias especializadas tomaban todas sus decisiones mediante votación; sin embargo, esa práctica generó descontento, especialmente entre los países en desarrollo. Como resultado, en la actualidad, en todo el sistema de la ONU hay una fuerte preferencia por tomar decisiones mediante consenso en lugar de votación. Incluso los órganos que recurren con mayor frecuencia a la votación hacen un gran esfuerzo por evitarlo si es posible.

Esta preferencia es aún más marcada fuera del sistema de la ONU, donde muchos organismos toman todas sus decisiones por consenso (o en algunos casos solo votan sobre cuestiones de procedimiento, mientras que deciden todos los temas importantes por consenso). Algunas Reglas de Procedimiento no permiten votar o lo permiten únicamente para cuestiones de procedimiento. Muchas asociaciones regionales, como la Asociación de Naciones del Sudeste Asiático (ASEAN) y el Foro del Pacífico, así como grupos políticos como el G-7 y el G-77, nunca recurren a la votación.

Existen muchas razones para esta preferencia:

- A muchos delegados y gobiernos nos les agrada el elemento de confrontación que es inevitable al tomar una decisión mediante votación.
- Muchos gobiernos consideran que la votación (en la que algunos pierden) es un modo inapropiado de toma de decisiones entre Estados soberanos. En ocasiones, algunos delegados y gobiernos desean evitar tener que decidir cómo votar.
- En ocasiones, algunos delegados y gobiernos buscan reducir la posibilidad de presión o recriminaciones relacionadas con la forma en que votan.
- Si un delegado o gobierno no tiene una postura firme sobre un tema en particular, puede parecer más apropiado unirse al consenso sobre ese tema en lugar de votar a favor.
- Si un delegado o gobierno tiene dudas sobre una propuesta o incluso objeciones considerables, puede estar dispuesto a unirse al consenso porque esa es la voluntad de la gran mayoría, aunque le resulte difícil votar a favor de la propuesta. Esto brinda a cualquier delegación que apoya la propuesta un incentivo para evitar la votación.
- Muchos gobiernos consideran que la toma de decisiones por consenso aumenta su capacidad de influir en el resultado de las negociaciones. Les da un poder de veto, que no solo les permite impedir que una conferencia tome una decisión que consideran intolerable, sino que también les permite lograr resultados en la conferencia que desean. (La manera en cómo esto ocurre se explica más adelante, en Consecuencias de la Preferencia por el Consenso).
- Los gobiernos de algunos países grandes o poderosos pueden preferir evitar la toma de decisiones en un proceso (votación) donde tienen el mismo peso que el Estado Miembro más pequeño y pobre.

Por Qué Las Conferencias A Veces Votan

Con razones tan fuertes para preferir el consenso, puede parecer sorprendente que las conferencias recurran a la votación. Sin embargo, existen muchas razones para hacerlo:

- Tomar una decisión por consenso es más rápido que votar. Sin embargo, negociar un camino hacia el consenso a veces consume mucho tiempo. Esta es probablemente una de las razones por las que las cuestiones de procedimiento se someten a votación con mayor facilidad que las cuestiones importantes.
- La razón más obvia para votar, sin embargo, es la incapacidad de alcanzar un consenso. Esto puede ocurrir, por ejemplo, si las posiciones están demasiado alejadas o si los delegados carecen del tiempo, la empatía o la creatividad para desarrollar propuestas sobre las que se pueda lograr un consenso.
- A veces, cuando hay grandes diferencias, los gobiernos o sus delegados pueden desear demostrar la fuerza de su postura.
- En ocasiones, conviene a algunos gobiernos o delegados crear una demostración de lo aislado que está un gobierno o, quizás, de lo desafiante que es, a pesar de que la mayoría esté en su contra.
- Algunos delegados parecen preferir el drama y la confrontación que implica una votación. Algunos se exaltan tanto durante las negociaciones que se vuelven incapaces de ajustar su posición para abordar las preocupaciones de los demás, haciendo que sea imposible el consenso.
- A veces, un gobierno o delegado puede desear crear una situación en la que una votación sea inevitable, por razones que tienen poco o nada que ver con el tema que está siendo discutido en la conferencia (por ejemplo, para presionar a otro gobierno sobre un tema completamente diferente).

Consecuencias de la Preferencia Por El Consenso

La fuerte preferencia por el consenso a menudo moldea las negociaciones sobre una propuesta antes de la conferencia. Una objeción formal por parte de una sola delegación es suficiente para bloquear el consenso. Cada delegado tiene ese poder, y muchos intentan utilizarlo para obtener concesiones de otras delegaciones. Si las reglas o tradiciones de la conferencia no permiten votar, cada delegación tiene el equivalente a un poder de veto. Incluso si la conferencia tiene la capacidad legal de votar, la preferencia por el consenso puede ser tan fuerte que cada delegación efectivamente posea un veto.

Los delegados que promueven una propuesta suelen hacer concesiones (es decir, aceptar compromisos) con el fin de asegurar el consenso. Esto otorga a otras delegaciones una mayor capacidad de lograr que la conferencia tome o acepte decisiones que son más cercanas a sus intereses. Estas otras delegaciones rara vez desean que la conferencia no tome ninguna decisión y pueden apoyar ciertos aspectos de lo propuesto. La adopción de una propuesta, especialmente con compromisos que aborden en cierta medida sus preocupaciones, es mucho más preferible desde su punto de vista al hecho de que la conferencia no tome ninguna decisión. Por lo tanto, al negociar compromisos, son conscientes no solo de las preferencias de su gobierno sobre puntos específicos, sino también de su deseo de que la conferencia tome una decisión. Tanto para los promotores de una propuesta como para quienes tienen problemas con ciertos aspectos de ella, existen fuertes incentivos para encontrar un texto que ambas partes puedan aceptar, lo que fomenta negociaciones productivas.

A medida que más delegaciones logran lo que consideran el resultado más aceptable posible, aquellas que aún se resisten (es decir, utilizan su capacidad para bloquear el consenso y evitar que la conferencia llegue a cualquier decisión) se ven cada vez más aisladas y pueden enfrentarse a una creciente presión para aceptar lo que se les ofrece.

A veces puede ocurrir que las posiciones de un gobierno en una conferencia estén tan alejadas de las de la gran mayoría que este desee simplemente bloquear cualquier forma de resultado deseado por la mayoría de los Estados, incluso si la mayoría lo considera extremadamente urgente.

Mientras exista la posibilidad de votar, una delegación que presiona demasiado con una postura minoritaria corre el riesgo de que otros insistan en una votación (en la cual perderá). Entonces, no solo la conferencia podrá tomar una decisión, sino que los términos de esa decisión podrían ser diferentes del texto de compromiso desarrollado en un intento por alcanzar el consenso. La mayoría no tendría necesidad de hacer concesiones a la minoría. Por lo tanto, si se produce una votación, algunas delegaciones que hayan logrado concesiones que consideran importantes podrían ver cómo estas concesiones se retiran. Tendrán motivos para estar descontentas con las delegaciones que bloquean el consenso e intentarán persuadirlas para que desistan y eviten una votación, protegiendo así las concesiones que han obtenido. Una vez más, esto favorece las negociaciones productivas.

Métodos para Expresar los Votos

Para cuestiones distintas de las elecciones, la mayoría de las votaciones no son secretas. Hay dos formas en las que se puede invitar a los delegados a votar: levantando la mano o mediante un llamado nominal.

Votación a Mano Alzada

El método habitual de votación consiste en que el Presidente o el Secretario pregunte: "Todos aquellos a favor, por favor levanten la mano (o el cartel con su nombre)". La Secretaría de la ONU cuenta los votos. A continuación, el Presidente/

Secretario solicita que quienes estén en contra de la propuesta indiquen su posición de la misma manera. Después de contar estos votos, el Presidente/Secretario pregunta por las abstenciones. El Secretario o el Presidente anuncia entonces el resultado, y el Presidente comunica la decisión consecuente.

Si bien se suman y se registran los votos de quienes votaron "sí" o "no", así como de quienes se abstuvieron, no siempre es fácil ver cómo votó cada delegación, y esa información no se incluye en los registros de la conferencia. Esto se llama votación no registrada.

Votación Nominal

Las Reglas de Procedimiento de muchas conferencias establecen que, si alguna delegación lo solicita o si la conferencia lo acuerda, se realizará una votación por llamado nominal. En este caso, se selecciona una letra al azar, y el Secretario, comenzando con la primera delegación cuyo nombre comience con esa letra, llama a cada delegación por turno para que indique cómo vota. En este caso, la Secretaría de la ONU registra para el informe de la conferencia no solo el número de votos "sí" y "no" y las abstenciones, sino también cómo votó cada delegación. Por esta razón, la votación por llamado nominal se llama votación registrada.

Adopción de la agenda y del Programa de Trabajo

Adopción de la Agenda

La adopción de la agenda (al igual que la elección de autoridades) suele ser una formalidad que confirma el resultado de largos preparativos y consultas previas antes de una sesión de la AG o de una conferencia de la ONU. Dado que los temas de la agenda están profundamente arraigados en la tradición, sería muy inusual que alguna delegación tuviera objeciones a la agenda provisional. En el caso de las conferencias del Modelo ONU, considerando las limitaciones de tiempo, la agenda provisional debe decidirse con antelación para que los delegados tengan suficiente tiempo para preparar sus posiciones sobre los temas a debatir.

No obstante, vale la pena señalar que la agenda provisional debe adoptarse al inicio de la conferencia, antes de que comiencen las deliberaciones. Las Reglas de Procedimiento permiten que las delegaciones propongan enmiendas a la agenda provisional, si así lo desean, pero estas tendrán que ser sometidas a votación como cualquier otra enmienda. Si bien es poco probable que esto ocurra, la posibilidad de que pueda suceder destaca el poder que tienen los Estados Miembros para tomar todas las decisiones finales.

Programa de Trabajo

Para una conferencia de corta duración, la organización del trabajo debe decidirse con antelación en consulta con otros para que pueda ser formalmente acordada con poco o ningún debate.

En el caso de una conferencia grande y con una agenda extensa, la organización del trabajo tiene esencialmente tres aspectos que deben decidirse:

- Cuántos comités principales son necesarios para que la conferencia complete su trabajo a tiempo.
- Qué temas de la agenda serán asignados a cada comité o manejados directamente en la Plenaria.
- Cuál es el cronograma para realizar el trabajo, incluyendo la programación de eventos especiales, si los hubiera.

Generalmente, se lleva a cabo un trabajo preliminar considerable sobre estos temas antes de que la conferencia comience. En el caso de las reuniones plenarias de la AG, este proceso se describe en la sección sobre Estructura de esta publicación (véanse las páginas 62–63). Las sugerencias sobre cómo incorporar este proceso en las conferencias del Modelo ONU se detallan en la sección sobre Decisiones a Tomar Antes de la Conferencia (véanse las páginas 34–47).

Una vez que el Programa de Trabajo ha sido acordado informalmente, se somete a la Plenaria de la AG para su adopción durante su primera reunión. Posteriormente, el Programa de Trabajo se convierte en una referencia importante para todos los delegados durante el resto de la sesión.

Finalmente, también debe destacarse que no solo la Plenaria, sino cada comité, tiene una sesión de apertura en la cual debe adoptar su propia agenda al inicio. El Presidente de cada comité también debe preparar un Programa de Trabajo junto con la asistencia de la Secretaría de la ONU y en consulta con todas las delegaciones.

Fase de Discusión – Debate General

La consideración de un tema de la agenda comienza con un debate sobre el tema en una reunión formal. Solo se programa un debate por tema de la agenda, ya sea en una reunión plenaria o en uno de los Comités Principales. Ningún Estado Miembro hace más de una declaración sobre un tema de la agenda en el mismo debate. La única excepción a esta práctica ocurre cuando una delegación considera que su país ha sido criticado por uno de los oradores. En este caso, un representante de esa delegación tiene derecho a ejercer su derecho a réplica y responder a lo que se ha dicho.

Antes de que comience el debate sobre un tema de la agenda, los documentos e informes relacionados con el tema, que han sido preparados por la Secretaría de la ONU, se distribuyen a todos los Estados Miembros. Estos documentos proporcionan información sobre el tema de la agenda que ayuda a orientar el debate. Los altos funcionarios de la ONU que son responsables de redactar informes sobre temas de la agenda en nombre del Secretario General suelen ser invitados a presentar estos informes a los Estados Miembros en una reunión formal. La presentación de un informe suele ir seguida de una sesión interactiva con los Estados Miembros para que puedan hacer preguntas sobre el tema de la agenda antes de que comience el debate.

La palabra *debate* se aplica, en las conferencias internacionales, a todo lo que se dice formalmente, lo que efectivamente significa todo lo que se comunica a la conferencia por:

- El Presidente
- Un orador (generalmente un delegado) al que el Presidente le ha concedido "la palabra" (es decir, el permiso para hablar).

En conferencias grandes y formales, el primer tema de trabajo, después de los asuntos de procedimiento preliminares, se llama Debate General. Las conferencias menos formales generalmente no incluyen un punto de agenda específico para el Debate General, pero de todos modos comienzan con muchas delegaciones haciendo declaraciones generales.

El Debate General más elaborado tiene lugar en la AG. Casi todas las delegaciones hacen una declaración, que es siempre proporcionada por la persona de mayor rango disponible: el líder de la delegación, un Ministro, el Jefe de Gobierno o incluso un Jefe de Estado que viaja a Nueva York específicamente para este propósito.

Dado que tantas delegaciones desean hablar, el tiempo debe ser estrictamente limitado. Cada delegación solo puede hablar una vez y se asigna un tiempo específico para cada intervención.

Este procedimiento requiere que se prepare una lista de oradores con antelación. Las delegaciones contactan a la Secretaría de la ONU para solicitar un lugar en la lista de oradores. Algunas prefieren hablar en un momento particular. Si una delegación descubre que el horario que prefiere ya ha sido asignado a otra, puede negociar con esa delegación para intercambiar turnos.

Cuando una delegación termina de presentar su declaración en el Debate General, otras delegaciones pueden acercarse para pedir copias del texto. En algunas conferencias, esto puede generar desorden. Para evitarlo, es tradición en muchas conferencias grandes que la Secretaría de la ONU distribuya una copia de cada declaración a cada escritorio de delegación mientras se presenta la declaración. Esta práctica es una rara excepción a la regla de que la Secretaría solo distribuye documentos oficiales de la conferencia (las declaraciones del Debate General no son documentos oficiales de la conferencia; cada una es un documento de la delegación que la presenta).

Debido a las limitaciones de tiempo, muchas delegaciones preparan y distribuyen una versión más extensa de su declaración del Debate General en formato impreso, que es más larga que la versión que el orador puede presentar. En estos casos, el orador debería mencionar que una versión más completa de su discurso está siendo distribuida para información de los delegados y demás oyentes. El orador también puede solicitar que esta versión ampliada se refleje en el registro oficial de la conferencia. En caso contrario, si el texto distribuido incluye elementos que el orador no desea mencionar o que no desea que sean registrados a su nombre, el texto puede estar marcado con la frase "verificar contra el discurso pronunciado".

Si bien la regla del Debate General establece que cada delegación puede hacer solo una declaración, las Reglas de Procedimiento (o en algunos casos la tradición) también permiten que una delegación que necesite responder a una declaración hecha por otra delegación pueda hacer una declaración como respuesta (lo que se denomina derecho a réplica). Esta declaración estará sujeta a un límite de tiempo aún más estricto que el de las declaraciones del Debate General y, normalmente, solo puede realizarse al final del día o al final del Debate General, cuando todas las delegaciones hayan tenido la oportunidad de hablar. Además, la mayoría de las Reglas de Procedimiento permiten solo una respuesta por delegación.

El Debate General no es un "debate" en el sentido general de la palabra. Los delegados no suelen responderse entre sí (excepto ocasionalmente mediante el uso del derecho a réplica). De hecho, las declaraciones del Debate General suelen estar redactadas con antelación, a menudo en las capitales, mucho antes de que los autores sepan lo que dirán otros delegados.

En muchos Modelos ONU, se utiliza un estilo de debate que permite que una persona del equipo contrario levante un "punto de información" en cualquier momento, lo que, si es aceptado por el orador, le da la oportunidad de interrumpir el discurso para contradecir o cuestionar lo que se está diciendo. En los debates que ocurren durante las reuniones de la ONU, esto nunca sucede. Los Estados Miembros no pueden interrumpir una declaración para hacer preguntas al orador o desafiar lo que está diciendo. Incluso cuando un Estado Miembro tiene derecho a réplica, debe esperar hasta el final de la lista de oradores para ejercerlo.

También es inevitable que, debido a la atención pública que reciben las declaraciones del Debate General en una conferencia grande e importante (especialmente cuando son realizadas por un dignatario), los oradores piensen al menos en parte en las audiencias más allá de la sala de conferencias, incluyendo a su público nacional. Esto significa que algunos de sus comentarios y la forma en que están redactados no serán exactamente los mismos que si solo estuvieran pensando en sus compañeros delegados y en la conferencia que tienen por delante.

Sin embargo, las buenas declaraciones en el Debate General también son útiles para otros delegados. Representan una oportunidad para que cada delegación:

- Exponga sus consideraciones generales sobre los temas antes de la conferencia
- Destaque cualquier preocupación nacional particular
- Anticipe cualquier iniciativa u otra acción que tenga la intención de promover en la conferencia, explicando las razones de esta intención y por qué otros podrían apoyarla.

■ ESTUDIANTE DEL MODELO ONU. FOTO: ONU / RICK BAJORNAS

Por esta razón, es importante conocer lo que se dice, al menos lo que dicen las delegaciones clave, durante el Debate General. Sin embargo, esto no debería consumir demasiados recursos de una delegación. Solo se necesita una persona para escuchar el debate y tomar notas. Dado que tomar notas en el Debate General puede ser agotador, las delegaciones suelen asignar esta tarea a varias personas que toman turnos para realizarla.

Los miembros más experimentados de cada delegación suelen darle un uso más productivo a su tiempo. Por lo tanto, no es inusual que la sala de conferencias esté relativamente vacía durante el Debate General. En otros casos, las delegaciones pueden optar por hacer una demostración ostentosa de presencia, con un gran número de representantes experimentados durante un discurso, para subrayar la importancia que un determinado asunto representa para su gobierno.

Apertura y Cierre de la Sesión Plenaria

Apertura

La primera sesión de cada conferencia comienza con algunas formalidades necesarias, seguido de unas varias decisiones formales sobre la forma en que funcionará la conferencia. Estas cuestiones ya han sido objeto de un extenso trabajo preparatorio y de discusiones, incluyendo acuerdos que se alcanzaron entre muchos gobiernos o sus delegaciones algún tiempo antes de la conferencia. Sin embargo, todo esto ha ocurrido a nivel informal. Solo cuando se haya reunido la conferencia y se haya declarado abierta, es que se pueden tomar decisiones que tengan carácter vinculante para la conferencia en su conjunto. Este patrón continuará a lo largo de toda la conferencia. Al mismo tiempo, las discusiones informales, que a menudo incluyen negociaciones informales y acuerdos entre las delegaciones más activas, allanan el camino hacia las decisiones formales de la conferencia.

Apertura Formal

En la mayoría de los casos, el Presidente aún no ha sido elegido y el trabajo formal de la conferencia no puede comenzar sin alguien en la Presidencia. Esto significa que alguien debe ocupar temporalmente la Presidencia cuando se inaugura la conferencia y hasta que esta se otorgue a sí misma un Presidente.

Por lo general, este Presidente interino será una de las siguientes personas, dependiendo de las circunstancias (por ejemplo, si la conferencia es parte de una serie) y salvo que las Reglas de Procedimiento u otras disposiciones lo indiquen de otra manera:

- Un representante de quien convocó la conferencia (el país anfitrión o una organización internacional).
- El Presidente saliente (es decir, el Presidente de la sesión anterior de la misma conferencia, cuyo mandato a menudo se extiende hasta que se elige a su sucesor).
- El Secretario de la conferencia.

El Presidente interino golpeará su mazo y llamará a la reunión al orden. Luego, "declarará abierta la conferencia". Desde ese momento, la conferencia se encuentra oficialmente en su primera sesión plenaria.

Cierre

La sesión plenaria será declarada clausurada después de recibir todos los informes presentados y tomar todas las decisiones necesarias.

La última reunión de la sesión plenaria se caracteriza por los discursos de clausura de los delegados, quienes expresan su satisfacción o insatisfacción con el desarrollo de las discusiones. A menudo se permite a los observadores hacer una breve declaración.

La parte principal y final del proceso de clausura consiste en la declaración de cierre por parte del Presidente. Normalmente, esta declaración arroja una luz positiva sobre toda la sesión, destacando los logros reales de la conferencia y las posibilidades que ha abierto para el futuro.

La Plenaria frente a las Reuniones del Comité

Toda conferencia cuenta con una Plenaria (es decir, la reunión de la conferencia en su totalidad), pero muchas conferencias tienen tanto trabajo que nunca podrían completar sus agendas en el tiempo asignado, a menos que asignen parte del trabajo a comités u otros órganos subsidiarios. Además, se ha comprobado que cuando ciertas partes del trabajo se asignan a estos entes, es más eficiente y esto produce mejores resultados.

Por estas dos razones, las conferencias suelen dividir su trabajo entre la Plenaria y varios comités. La Plenaria es donde se inaugura y clausura la conferencia, se realizan declaraciones importantes, se llevan a cabo debates de amplio alcance y se toman todas las decisiones de la conferencia. Los Comités (principales) se encargan de discutir detalladamente los temas, de negociar y de redactar.

Además, la Plenaria o cualquiera de sus comités pueden formar comités, subcomités, grupos de trabajo y/u otros órganos subsidiarios para realizar tareas específicas. Todos los órganos subsidiarios informan al órgano que los creó (conocido como su "órgano matriz"). Estos pueden hacer recomendaciones al órgano matriz, pero no pueden tomar decisiones en su nombre. Dado el tiempo limitado en una conferencia del Modelo ONU, generalmente no se incluyen órganos subsidiarios.

Es importante decidir con antelación el número de Comités Principales, cómo se seleccionarán los miembros de su Mesa, qué delegaciones los compondrán, qué temas debatirán y cuántos temas serán tratados dentro de las limitaciones de tiempo de la conferencia.

Algunas conferencias forman un único Comité Plenario (CoW, por sus siglas en inglés) con la misma composición que la Plenaria, pero que no se reúne simultáneamente con esta. En conferencias menos formales, el Presidente a veces invita a la conferencia a pasar "a la fase/al modo/a la etapa de comité".

La lógica detrás de esto se basa en la creencia, respaldada por la experiencia, de que es mejor que dos instancias aborden cada tema de la agenda: no solo la Plenaria, sino también un comité. Esto da lugar a dos procesos distintos: la toma de decisiones formales (propia de la Plenaria), precedida por una discusión detallada, negociación y redacción (propia de la fase de comité). Esto permite a la Plenaria adoptar una visión más amplia y elevada de la cuestión, sabiendo que los detalles han sido exhaustivamente trabajados en la fase de comité.

También permite que el debate y la negociación acerca de los detalles, que a veces pueden resultar muy intensos, tengan un final claro (el fin de la fase de comité) y que la Plenaria (aunque esté compuesta por los mismos delegados) deje atrás las diferencias antes de entrar en la fase de toma de decisiones. La práctica de tener diferentes individuos como Presidentes de la Plenaria y de los comités refuerza esta separación y efecto de enfriamiento. Esta diferenciación también se mantiene en las simulaciones de la AG, cuando el PAG o el Vicepresidente presiden las reuniones de la Plenaria, y un Presidente o Vicepresidente preside las reuniones de los comités.

En este sistema es importante, por supuesto, que los comités no puedan tomar decisiones en nombre de la conferencia. Todo lo que pueden hacer es informar y/o hacer recomendaciones a la plenaria. Por lo tanto, independientemente de las acciones tomadas durante las reuniones de los comités, se podría tomar una acción diferente sobre el mismo borrador de resolución en la reunión de la plenaria.

Normas de Procedimiento

Normas que se deben seguir durante las reuniones formales de la AG – Fase de Discusión

Quorum

El *quorum* es el número de Estados Miembros que deben estar presentes para que el PAG o el Presidente puedan abrir una reunión y para que la AG tome decisiones. El *quorum* para abrir una reunión de la AG es de un tercio de los Estados Miembros en la plenaria y un cuarto de los Estados Miembros en los Comités Principales. Esta norma suele suspenderse al inicio de una sesión, según la recomendación del Comité General. El *quorum* para la adopción de resoluciones, decisiones y elecciones es una mayoría simple de los Estados Miembros.

Moción de orden

Las mociones de orden pueden ser planteadas por los Estados Miembros en cualquier momento durante la reunión. Si un delegado considera que el Presidente no está siguiendo las Reglas de Procedimiento o no está siendo lo suficientemente activo en asegurarse de que otros las cumplan, puede presentar una moción de orden. Las Reglas de Procedimiento exigen que el Presidente interrumpa el desarrollo de la reunión para escuchar la moción de orden y dictamine de inmediato sobre ella (donde "dictaminar" significa declarar que la moción de orden no tiene mérito o aceptarla y ordenar a cualquier delegado fuera de lugar que se ajuste a las Reglas de Procedimiento).

Las reglas de Procedimiento también disponen que, si algún delegado considera que el dictamen del Presidente es incorrecto, puede apelar dicho dictamen. Debido a que en última instancia el poder dentro de un comité recae en los propios delegados, la apelación debe someterse inmediatamente a votación. Además, las Reglas de Procedimiento establecen que, si la apelación tiene éxito, el Presidente debe dictaminar inmediatamente conforme a la apelación.

Si se apela el dictamen del Presidente sobre una moción de orden, la pregunta planteada ante el comité es si el dictamen del Presidente debe ser aceptado o rechazado. Si un delegado considera que el dictamen debe ser aceptado, votará "Sí". En cambio, votará "No" para rechazarlo.

En todo momento, los delegados tienen un derecho absoluto a presentar una moción de orden o a impugnar el dictamen del Presidente. Sin embargo, no tienen la obligación de hacerlo, y antes de ejercer su derecho, deberían considerar si resulta constructivo hacerlo.

En muchas ocasiones y durante la mayoría de las conferencias, existen desviaciones menores, o a veces no tan menores, de las Reglas de Procedimiento que en la práctica resultan útiles para la conferencia. En tales casos, los Presidentes pueden mostrarse tolerantes por el bien general. En otras ocasiones, algunas desviaciones de las Reglas de Procedimiento pueden ser accidentales e intrascendentes.

Adicionalmente, todas las mociones de orden consumen tiempo de la conferencia y tienen una dimensión de confrontación que podría afectar negativamente al ambiente de la conferencia.

Habrá casos en los que lo prudente y constructivo será no presentar una moción de orden, incluso cuando técnicamente estaría justificada.

Apelar un dictamen del Presidente se considera confrontativo y, como tal, ocurre con escasa frecuencia. Sin embargo, al igual que con otros "poderes de reserva" (como se conocen en el ámbito del derecho constitucional), la mera existencia de la posibilidad de apelar da a cada Presidente un fuerte incentivo para comportarse y dictaminar correctamente en todo momento.

Existe una convención ampliamente utilizada para indicar al Presidente que la razón por la que se solicita la palabra es para plantear una moción de orden y no simplemente para añadir tu nombre como delegado a la lista de oradores. Los delegados en la ONU usan señales electrónicas, pero los delegados en el Modelo ONU pueden formar una "T" usando la mano y el cartel con su nombre, si la sala no cuenta con equipos electrónicos.

Existen ocasiones en las que algunos delegados intentan abusar del derecho a plantear mociones de orden para "saltarse la fila" en la lista de oradores e intervenir, en su lugar, sobre cuestiones de fondo. Otras veces, simplemente buscan consumir tiempo, generar confusión y deteriorar el ambiente con la intención de impedir que la conferencia llegue a la conclusión deseada por la mayoría de las delegaciones.

Suspensión de una reunión

Una reunión puede ser suspendida por un período limitado de tiempo a solicitud de un Estado Miembro o del PAG. Una reunión suspendida generalmente se reanuda el mismo día.

Aplazamiento de una Reunión

Una reunión puede ser aplazada a solicitud de un Estado Miembro o del PAG. El aplazamiento pone fin a la reunión. Cualquier consideración adicional de un tema tendrá lugar en otra reunión, generalmente en otro día.

Aplazamiento del Debate

El aplazamiento del debate pone fin a parte o a toda la consideración del tema de la agenda en cuestión. Esto puede significar finalizar el debate, bloquear la acción sobre un borrador de resolución o decisión específico, o terminar la consideración del tema en su totalidad (es decir, cerrar el tema por el resto de la sesión). Los Estados Miembros que soliciten el aplazamiento del debate deben especificar qué parte de la consideración debe finalizar. La moción para aplazar el debate se somete a votación inmediata, se aprueba por mayoría simple, y se permite un máximo de dos delegaciones a favor y dos en contra. El término *"moción de no acción"* se utiliza cuando una moción de aplazamiento del debate se hace con el propósito de bloquear la acción sobre un borrador de resolución o decisión específico.

Solicitar la palabra y dirigirse al Presidente

Las reglas universales del debate son:

- Nadie (excepto el Presidente) puede intervenir en el debate (es decir, hablar de manera que la conferencia lo escuche) sin haber recibido la palabra por parte del Presidente
- Cuando alguien que no sea el Presidente interviene, debe dirigir sus comentarios al Presidente (aunque todos entienden que lo que dice está dirigido a toda la conferencia).

El propósito de estas reglas es claro. Garantizan que solo una persona hable en un momento dado y permiten que el Presidente dirija el debate. También tienden a reducir cualquier tendencia hacia discusiones intensas entre delegados, al menos en el entorno formal. Esto es extremadamente importante, ya que el comportamiento conflictivo es contrario a la búsqueda de acuerdos. La primera regla también implica que los delegados deben esforzarse para obtener la palabra. Un delegado puede solicitar la palabra (es decir, pedir permiso para hablar) de dos maneras, a saber:

- **Solicitar al Presidente o al Secretario** (quien a menudo ayuda al Presidente a llevar un registro de dichas solicitudes) que agregue su nombre a la lista de oradores. Pueden hacerlo acercándose directamente al Presidente o al Secretario mientras la conferencia no está en sesión, o enviándoles un mensaje.
- **Señalar desde su asiento** (es decir, desde su lugar, mientras la conferencia está en sesión) que desean hablar. Esto se hace presionando el botón de su micrófono. En el pasado, se levantaban los carteles con el nombre.

El Presidente (o el Secretario como asistente) mantiene en todo momento una lista de delegaciones que desean dirigirse a la conferencia. Esto se conoce como la **lista de oradores**.

Si bien las Reglas de Procedimiento de la mayoría de las conferencias especifican que se debe conceder la palabra a las delegaciones en el orden en que se reciben sus solicitudes, en la práctica, el Presidente suele tener cierto margen de maniobra.

Normas que se deben seguir al tomar acción sobre borradores de resolución

Votación sobre Resoluciones

Se asume que todos los borradores de resolución o decisión presentados se adoptarán sin necesidad de votación (es decir, por consenso). Si una resolución no es adoptada por consenso, el PAG o Presidente generalmente es informado con antelación de que se solicitará una votación.

Votación sobre enmiendas

Las enmiendas a un borrador de resolución o decisión presentado pueden ser formalmente sometidas y emitidas como Documentos L el día anterior a la acción programada, o propuestas oralmente desde la sala, siempre que ningún Estado Miembro objete. Si se proponen varias enmiendas, el PAG o Presidente decide el orden en que serán consideradas. Si las enmiendas se adoptan, el borrador de resolución se considerará como "borrador de resolución L.XX enmendado".

Votación sobre párrafos

Un Estado Miembro puede solicitar una votación separada sobre partes de un borrador de resolución antes de la adopción del texto completo. Esto puede aplicarse a partes de un párrafo, un párrafo entero o varios párrafos. Si se impugna, la solicitud de votación por párrafos se someterá a una votación inmediata, que se aprobará por mayoría simple, después de que un máximo de dos delegaciones se muestren a favor y dos se muestren en contra de la solicitud. La votación por párrafos será seguida inmediatamente por la consideración del borrador de resolución o decisión en su totalidad. Se mantiene el supuesto de adopción sin votación. Si todos los párrafos operativos se rechazan, el borrador de resolución o decisión se considerará rechazado en su totalidad. Estos casos son escasos. La votación sobre un párrafo también puede llamarse "votación por párrafos", "división de la propuesta", "votación dividida" o "votación separada".

Explicación del voto

Antes y después de tomar una acción sobre un borrador de resolución o decisión, los Estados Miembros pueden explicar su voto, o en el caso de una adopción por consenso, su posición. El patrocinador principal y los copatrocinadores de un borrador de resolución no pueden dar explicaciones de voto. Una explicación de voto relacionada con una votación por párrafos solo se realiza después de que se haya tomado una acción sobre la resolución o decisión en su totalidad. Se solicita a los Estados Miembros que se abstengan de dar explicaciones de voto sobre el mismo borrador de resolución o decisión tanto en el Comité Principal como en la Plenaria, a menos que su voto haya cambiado.

ESTUDIANTES REPRESENTANDO A LIBERIA EN UNA CONFERENCIA DEL MODELO ONU. FOTO DE LA ONU / RICK BAJORNAS

Costumbres en el uso de la palabra

Otras normas de debate no están explícitas en las Reglas de Procedimiento escritas, pero están consagradas en la tradición o "cultura" de cada conferencia. Por ejemplo, normalmente es tradición que cada Estado Miembro haga una sola declaración durante el Debate General, y si solicitan hablar una segunda vez, es tradición que comiencen disculpándose. Esto no está establecido en ninguna Regla de Procedimiento, pero es una tradición de larga data.

A veces, una tradición puede ser confundida con una Regla de Procedimiento después de muchos años por parte de un delegado, debido a que se ha mantenido durante tanto tiempo.

Reuniones Informales

Algunas conferencias del Modelo ONU se refieren a las consultas informales como caucus moderados y no moderados (cuarto intermedio). Si bien este tipo de reuniones sí ocurren en la ONU, esta terminología no se utiliza. Los delegados en la ONU participan en consultas informales. Un caucus moderado en la ONU correspondería a una consulta informal donde el Presidente permanece para presidir la reunión, pero las Reglas de Procedimiento se suspenden. Este tipo de reunión se conoce en la ONU como una "reunión formal informal". Sin embargo, el Presidente no siempre está presente en una reunión formal informal; también puede ser liderada por un facilitador designado por las Mesas. En otras ocasiones, los delegados pueden reunirse en una esquina de la sala

■ ESTUDIANTES HABLANDO DURANTE UNA CONFERENCIA DEL MODELO ONU.
FOTO DE LA ONU / GUILHERME COSTA

de conferencias o en otro lugar para discutir un borrador de resolución. Este tipo de reunión se llama "reunión informal" y es equivalente a lo que algunas conferencias del Modelo ONU llaman caucus no moderado (cuarto intermedio).

Diferencias entre las Reglas de la AG y algunas Reglas de Procedimiento de los Modelos ONU

Con frecuencia, la principal diferencia entre las reglas de la AG en la ONU real y las Reglas de Procedimiento utilizadas en muchos Modelos ONU es que estas últimas adoptan reglas parlamentarias de procedimiento, como las Reglas de Orden de Robert. La ONU no es un parlamento y, por lo tanto, estas reglas no ofrecen un formato adecuado para guiar las reuniones de la ONU.

Las Reglas de Procedimiento de la AG son más simples que las reglas parlamentarias frecuentemente usadas en las conferencias del Modelo ONU. Por ejemplo, las reglas de la AG solo tienen un punto procesal llamado Moción de Orden (mientras que algunos Modelos ONU incluyen Mociones de Información, Mociones de Consulta y Mociones de Privilegio). Además, en la ONU, los oradores no ceden tiempo a otro orador y no se requiere que las mociones sean respaldadas.

Algunas diferencias son superficiales. Si bien un delegado no puede plantear una moción de información en una reunión formal, sí puede preguntar a otro delegado durante una reunión informal. Por lo tanto, desde una perspectiva educativa, un delegado de Modelo ONU aún tiene la oportunidad de mejorar su aprendizaje haciendo preguntas a otros delegados, siempre que ocurra en el contexto adecuado.

Otras diferencias son más significativas. En el contexto de la AG, cada Estado Miembro tiene un voto, independientemente de su tamaño. Respaldar las mociones puede tener sentido en un foro parlamentario donde una asamblea no quiera perder tiempo con mociones apoyadas por una sola persona. Sin embargo, en el contexto de la AG de la ONU, cada delegación representa a toda una nación.

Dado el principio de igualdad establecido por el concepto de "un país, un voto", exigir que las mociones sean respaldadas contradice este principio. Como resultado, cada Estado Miembro tiene el derecho de presentar un borrador de resolución o una enmienda sin necesidad de que otro Estado Miembro lo respalde. Muchas conferencias del Modelo ONU requieren un número determinado de firmas para que se pueda presentar una resolución o enmienda, pero, si bien los copatrocinadores son comunes en la ONU, no son un requisito obligatorio.

Asimismo, cualquier Estado Miembro puede presentar una moción, como solicitar una votación sobre un borrador de resolución o enmienda, sin necesidad de que otro Estado Miembro la respalde. En los parlamentos, si no hay quien respalde una moción, esta no es considerada por la asamblea. En la ONU, basta con que un Estado Miembro presente una moción para que esta sea considerada. Una vez más, esto se basa en el principio de que cada Estado Miembro tiene el mismo derecho de llevar un asunto ante la AG para su consideración, siempre que esté relacionado con un tema en la agenda de la AG.

En algunas conferencias del Modelo ONU, las Reglas de Procedimiento tienen un protagonismo mucho mayor en los procedimientos que en la ONU real. Esto se debe, en parte, al uso de procedimientos parlamentarios y al hecho de que la mayoría de los procedimientos en las conferencias del Modelo ONU se dan durante reuniones formales, lo que aumenta la necesidad de introducir mociones durante las reuniones formales. En cambio, en la ONU, gran parte del proceso de negociación ocurre durante consultas informales, reduciendo la necesidad de introducir diversas mociones en reuniones formales. Por ejemplo, debido a que la gran mayoría de las decisiones en la ONU se toman por consenso, las mociones relacionadas con enmiendas son menos frecuentes que en algunas conferencias del Modelo ONU.

Una última diferencia entre la forma en que se conducen las reuniones en la ONU y en algunas conferencias del Modelo ONU se relaciona con el poder otorgado al oficial que preside. En algunas conferencias del Modelo ONU, las decisiones del Presidente son definitivas. En la ONU, un oficial como el PAG o el Presidente de un Comité sirve a discreción de los Estados Miembros. Los oficiales que presiden pueden hacer recomendaciones y dictaminar sobre mociones de orden, pero cualquier decisión que tomen puede ser apelada por cualquier Estado Miembro y sometida a votación por todos los miembros. Este principio es fundamental y debe enfatizarse en las conferencias del Modelo ONU. El poder de la AG reside en los Estados Miembros. Otorgar a los oficiales que presiden la última palabra sobre cualquier asunto contradice este principio básico de la AG.

PROCESOS INFORMALES

Una conferencia internacional es una interacción entre Estados (principalmente una interacción cooperativa), pero dicha interacción se lleva a cabo entre delegados como representantes de los Estados. La principal manera en que los delegados interactúan es comunicándose entre sí, y la mayor parte de esa comunicación adopta la forma de conversaciones cara a cara.

Los delegados hablan entre ellos desde el momento en que llegan a la ONU hasta que se van. Algunas de sus interacciones son de carácter social, y otras reflejan la búsqueda de objetivos externos. Sin embargo, la mayor parte del tiempo, las conversaciones giran en torno a los asuntos de la conferencia. Estas se denominan **consultas informales**.

ESTUDIANTE PARTICIPANDO DE UNA CONFERENCIA DEL MODELO ONU. FOTO : ONU / EVAN SCHNEIDER

Esta sección abarca las siguientes áreas:

- La importancia de los grupos
- Los propósitos de las consultas

Es a través de estas conversaciones que se lleva a cabo la mayor parte del trabajo de la ONU. Son el medio principal por el cual los delegados se mantienen informados entre sí sobre todos los aspectos relacionados con los temas de la agenda incluidos en el Programa de Trabajo, aclaran su propio pensamiento sobre los temas en discusión, ya sea en la AG o en el CS, y buscan influir en el pensamiento de los demás. Es en estas conversaciones donde se realiza la mayor parte de las negociaciones y donde se alcanzan la mayoría de los acuerdos.

Los procesos formales pueden ser decisivamente importantes, pero a menudo su función principal es formalizar acuerdos previamente alcanzados de manera informal y proporcionar el contexto para los intercambios informales. La mayoría de las delegaciones dedican una gran parte de su tiempo en consultas informales, y la razón por la cual muchos gobiernos envían delegaciones numerosas es para aumentar la capacidad de estas de participar en dichas consultas informales.

La Importancia de los Grupos

Las delegaciones suelen trabajar en cooperación con otras. Cuando varias delegaciones colaboran durante un período prolongado, es probable que se les denomine un grupo. Estos grupos pueden llamarse grupos políticos o grupos de caucus, porque se centran en cuestiones políticas. La interacción con los grupos en los que participa tu delegación es una de las principales actividades de un delegado.

Esto es particularmente importante en el trabajo del CS. Debido a que la membresía del Consejo está limitada a solo 15 miembros en un momento dado, la participación de grupos regionales en las reuniones del CS es vital para ayudar a cumplir con el deber del Consejo de actuar en nombre de todos los Estados Miembros de la ONU, tal como se establece en el Artículo 24 de la Carta de las Naciones Unidas. Además, en las resoluciones del CS se ha vuelto más común recurrir a organizaciones regionales para responder a amenazas internacionales contra la paz y la seguridad. Como resultado, desde la década de 1990 ha habido un aumento en las solicitudes para incluir a las organizaciones regionales en los esfuerzos por mantener la paz y la seguridad internacionales bajo el Capítulo VIII de la Carta de las Naciones Unidas.

Los grupos bien organizados y consolidados, como el G-77 y la Unión Europea, cuentan con sistemas eficientes para compartir información y desarrollar posiciones políticas comunes sobre la gran cantidad de temas que se tratan en una conferencia internacional importante. Para las delegaciones pequeñas, la tarea de seguir todo lo que ocurre y concentrarse en los asuntos que son de mayor importancia para ellas sería mucho más difícil e incluso abrumadora si tuvieran que hacerlo solas. A su vez, el saber que no están solas y que cuentan con personas con ideas afines con quienes intercambiar impresiones y preocupaciones, brinda gran tranquilidad a las delegaciones.

Para las delegaciones más grandes, participar en grupos aumenta su carga de trabajo (ya que se involucran en la coordinación, distribución de información y desarrollo de posiciones grupales), pero estos factores también incrementan su capacidad de influir en las delegaciones de su grupo para que adopten su perspectiva, y este apoyo, a su vez, les ayuda a avanzar con sus objetivos al tratar con delegaciones fuera de su grupo.

Para las delegaciones más pequeñas, existe el riesgo de que se vean presionadas a apoyar posiciones más alineadas con los objetivos de otros miembros del grupo que con los suyos. Sin embargo, también pueden encontrar oportunidades para avanzar con sus objetivos si logran contar con el respaldo del grupo.

Desde el punto de vista del trabajo del CS, los grupos políticos pueden hacer contribuciones importantes de varias maneras. Son un medio valioso para distribuir información sobre el trabajo del Consejo, desempeñando un papel crítico en garantizar que dicho trabajo sea transparente. Asimismo, durante las reuniones del Consejo, el coordinador o portavoz del grupo puede recopilar y transmitir las opiniones, deseos y posiciones de los miembros del grupo cuando se les invita a hablar.

Los Grupos como fuentes de información

Todos los grupos políticos discuten temas, intercambian información y evaluaciones, y en este sentido son inmensamente útiles para las delegaciones que participan en ellos. De hecho, para la mayoría de las delegaciones, las reuniones de los grupos en los que participan son su principal fuente de información sobre el desarrollo de posiciones en diversos temas.

Un delegado puede aportar al grupo su conocimiento y comprensión de un tema o de un aspecto específico del mismo, mientras que otro puede haber tenido una conversación informativa con el Presidente o con delegados de otro grupo, etc. El resultado es un volumen de información y análisis mucho mayor al que cualquier delegación individual podría aportar sobre el tema. A menudo, los miembros del mismo grupo tienen cierto grado de confianza entre sí, lo que les permite expresarse con mayor libertad en este contexto.

Claro que la cantidad total de información disponible será mayor y estará mejor analizada si todos los miembros del grupo contribuyen con su conocimiento y comprensión. Los grupos también tienen la ventaja de poder acordar informalmente la división de tareas dentro del grupo. Por ejemplo, el delegado A, que tiene buenas relaciones con la Delegación X fuera del grupo, podría asumir la tarea de consultar su opinión sobre un punto específico; el Delegado B, que tiene buenas relaciones con otra delegación, podría hacer lo mismo, y así sucesivamente.

Asimismo, los delegados no deberían sentirse cohibidos a la hora de hacer preguntas sobre cualquier aspecto que no conozcan o no comprendan. Esto no solo les ayudará a ellos, sino también a otros miembros del grupo que se beneficien de la aclaración. Además, tales preguntas pueden ayudar a clarificar su propio entendimiento o la forma en que articulan la respuesta a aquellos que creen que ya lo saben. También pueden identificar puntos sobre los que el grupo necesita más información o reflexión.

Las reuniones de estos grupos también representan una oportunidad para que las delegaciones expresen sus puntos de vista, expliquen sus posiciones y busquen influir en otras delegaciones para que compartan su perspectiva.

Posiciones del Grupo

Los grupos políticos no solo comparten información e ideas, sino que a menudo buscan desarrollar posiciones comunes, ya sea para orientar a sus miembros, para emitir declaraciones conjuntas o para establecer objetivos y posiciones de negociación del grupo. Frecuentemente, se elige a un portavoz del grupo para hablar o negociar en su nombre. Por lo general, cada delegación pertenece a varios de estos grupos.

Grupos Específicos por Temas

Algunos de estos grupos se centran en temas específicos sobre los cuales los miembros tienen opiniones similares y desean desarrollar posiciones comunes. En otros temas, los miembros son libres de adoptar posturas diferentes, e incluso opuestas.

Una forma común de este tipo de grupo es el grupo de copatrocinadores. Como su nombre lo indica, es un grupo de delegaciones que han puesto su nombre a una propuesta presentada formalmente en una conferencia, o que están planeando hacerlo. Al ser copropietarios de la propuesta, necesitan reunirse para decidir sobre su redacción original y sobre cualquier cambio posterior. A menudo dividen el trabajo de ejercer presión a otras delegaciones para buscar apoyo a la propuesta, comparten entre sí las reacciones que escuchan de otras delegaciones, las discuten y luego deciden juntos qué hacer en función de esas respuestas.

Un grupo de copatrocinadores es específico a una propuesta en particular. Una delegación puede pertenecer simultáneamente a varios grupos de copatrocinadores, cada uno con una composición diferente. Cuando la propuesta ha seguido su curso, el grupo se disuelve.

Otros grupos específicos por temas se forman por delegaciones que desean extender su cooperación más allá de una resolución en particular y continuar trabajando juntas a largo plazo en ese tema para desarrollar sus puntos de vista y planes comunes. Estos grupos adquieren nombres y algunos de ellos perduran durante muchos años. Pueden organizar sus propias conferencias e incluso establecer secretarías.

Estos grupos pueden estar conformados por:

- Delegaciones que descubren que tienen puntos de vista comunes
- Delegaciones cuyos gobiernos buscan, por cuestiones políticas, unificar sus posiciones (incluso si inicialmente estas son muy divergentes)

Al igual que con los grupos de copatrocinadores, muchas delegaciones pertenecen simultáneamente a varios de estos grupos específicos por temas y con composiciones diferentes, y nuevamente, son libres de tener opiniones distintas entre sí sobre otros temas.

Grupos Políticos Más Amplios

Por definición, estos son grupos menos específicos en cuanto a temas y presentan en mayor o menor medida aspectos de una coalición, un grupo de apoyo mutuo, solidaridad grupal y disciplina. En ocasiones, se pueden desarrollar y expresar declaraciones de posiciones comunes por parte de grupos más grandes, compuestos por estos grupos junto con otras delegaciones.

Declaraciones de los Grupos

Muchos grupos políticos son importantes. En el CS, tales declaraciones suelen escucharse en el contexto de debates temáticos organizados sobre una amplia variedad de temas. De acuerdo con la regla 37 de las Reglas Provisionales de Procedimiento del CS, también se invita a los delegados a hacer declaraciones en nombre de los grupos durante sesiones informativas y otras reuniones informales cuando sus intereses se ven afectados por un conflicto que el Consejo está discutiendo. Los grupos invitados a hablar suelen hacerlo después de que los miembros del Consejo hayan tenido la oportunidad de presentar sus declaraciones.

Ventajas de invitar a los grupos políticos a hablar:

- Una declaración común, en lugar de varias declaraciones similares de los Estados Miembros por separado, y muchas de las cuales pueden resultar repetitivas, ahorra tiempo tanto para la conferencia en general como para las delegaciones en particular.
- Una declaración única o combinada es mucho más clara y coherente internamente que una multitud de declaraciones con diferentes públicos nacionales en mente, diferentes prioridades y preocupaciones nacionales, diferentes modos de expresión y posibles contradicciones o incoherencias.
- Una declaración emitida en nombre de varias delegaciones tiene más peso político que una emitida en nombre de una sola delegación.

- Una declaración grupal también puede ser una demostración de solidaridad o del grado de apoyo a un punto de vista particular.
- Una declaración grupal puede basarse en el conocimiento y las habilidades de varios miembros del grupo, lo que la convierte en una declaración que resulta mejor que cualquiera que un solo miembro del grupo podría haber producido por sí mismo.

Existen algunas desventajas cuando hay diferencias de puntos de vista o de intereses dentro del grupo, como suele ocurrir:

- La negociación de una declaración grupal puede consumir mucho tiempo.
- La declaración grupal puede no reflejar con precisión las opiniones o la flexibilidad de todos los miembros del grupo.
- Puede exponer áreas de desacuerdo; una omisión en la declaración puede interpretarse como una señal de que el grupo no tiene una posición común sobre un punto particular.

Existen algunas desventajas cuando, como ocurre a menudo, hay diferencias de opinión o énfasis dentro del grupo:

- La negociación de una declaración grupal puede consumir mucho tiempo.
- La declaración grupal puede no reflejar con precisión las opiniones o la flexibilidad de todos los miembros del grupo.
- Puede exponer áreas de desacuerdo (una omisión en la declaración puede interpretarse como una señal de que el grupo no tiene una posición común sobre un punto particular).

Como cuestión práctica, las declaraciones grupales en grupos grandes tienden a ser redactadas originalmente por un pequeño número de delegados dentro del grupo, pero es esencial luego asegurarse de que todos los miembros del grupo la respalden. Esto puede requerir más negociaciones con delegaciones individuales o con el grupo en su conjunto. Los beneficios de una declaración grupal se pierden por completo si algún miembro del grupo se desvincula de ella, como es probable que ocurra si sus opiniones no fueron debidamente tomadas en cuenta.

Cuando un Estado Miembro del Consejo hace una declaración, se espera que comience asociándose con la declaración emitida en nombre del grupo en el que participa, incluso antes de que el delegado que hablará en nombre del grupo haya presentado su declaración. Lo mismo aplica a las declaraciones emitidas en nombre de un grupo cuyos miembros también son miembros de un grupo más amplio. En caso contrario, las otras delegaciones lo notarán y podrán darle su propia interpretación.

Las declaraciones grupales tienen prioridad en la lista de oradores sobre las declaraciones de delegaciones individuales, y la declaración de un grupo grande tiene prioridad sobre la de un grupo más pequeño cuyos miembros también son miembros de ese grupo más grande.

Cosas a Considerar cuando Organizas tu Conferencia. Si la conferencia del CS es parte de un Modelo ONU más amplio, entonces es más fácil incluir una gama más amplia de grupos en las sesiones informativas del CS. Sin embargo, si solo se enfoca en el CS, los organizadores deben decidir de antemano si desean incluir uno o más participantes para representar a un grupo político que sería invitado a hablar además de los 15 miembros del Consejo.

El Propósito de la Consulta

Los delegados suelen reunirse en las áreas de descanso cerca del Salón de la AG.

Las razones por las que los delegados querrán consultar informalmente con otras delegaciones incluyen las siguientes:

- Averiguar lo que saben
- Decirles lo que quieres que sepan (por ejemplo, advertirles de una iniciativa planeada por ti u otros)
- Preguntar su opinión (por ejemplo, "sondear" una propuesta)
- Conocer sus intenciones
- Obtener su acuerdo para lo que desean
- Planificar de forma conjunta el desarrollo de una propuesta o fortalecer un argumento
- Tomar decisiones sobre cómo actuarán colectivamente

Hacer esto permitirá a los delegados:

- Demostrar que su país está representado y participando en la conferencia
- Monitorear la conferencia para evaluar cómo avanza en su programa de trabajo y qué acuerdos están surgiendo
- Recopilar información pertinente para los objetivos de su delegación en la conferencia (por ejemplo, la actitud de otras delegaciones respecto a determinadas propuestas y evaluar sus intenciones)
- Influir en el pensamiento y las acciones de otros
- Negociar
- Desarrollar y mantener relaciones con otras delegaciones

- Permitirles informar sobre lo ocurrido a otros miembros de su delegación

Las tareas específicas realizadas a través de consultas informales incluyen las siguientes:

- Desarrollar relaciones con otros delegados
- Dar a conocer posiciones a otras delegaciones
- Recopilar información general sobre actitudes, intenciones y posiciones de otras delegaciones
- Evaluar quiénes están de acuerdo con tus posiciones, quiénes las rechazan y quiénes coinciden con ciertos componentes de tu posición pero no con todos
- Persuadir a otros para que apoyen tu posición
- Negociar con otros para llegar a un acuerdo cuando las posiciones difieren

¿A quién consultar?

Tradicionalmente, se dice que las consultas informales tienen lugar en los pasillos. Estas palabras se usan para diferenciar las consultas informales de los intercambios formales que se llevan a cabo en las salas de conferencias cuando la conferencia está en sesión formal. En realidad, estas consultas pueden realizarse en cualquier lugar y, en muchos casos, los delegados preferirán que se lleven a cabo donde sea poco probable que sean escuchados.

Los lugares más accesibles y utilizados son los pasillos, vestíbulos, escaleras, cafeterías y comedores del edificio de conferencias. También es fácil consultar en la sala de conferencias, antes, después y durante una sesión. Cuando sea apropiado, el presidente de una reunión o un delegado puede solicitar que la reunión se suspenda por un tiempo determinado para permitir que las delegaciones hablen informalmente si consideran que esto podría ayudar a lograr un consenso sobre un tema.

Si se desea una conversación más privada, muchos lugares de conferencias tienen terrazas o jardines, y a veces es posible encontrar una sala de conferencias u oficina desocupada que se pueda usar por un corto tiempo. Los delegados pueden invitar a otros delegados a reunirse en una variedad de lugares (por ejemplo, restaurantes) fuera del entorno de la conferencia.

Las consultas informales, ya sean en pequeños grupos de dos o tres personas o en grupos más grandes, son esencialmente privadas. Además, no existe un registro oficial de lo que se dice, y la conversación puede ser de naturaleza preliminar o indagatoria. Esto significa que los delegados pueden hablar con mucha más libertad en estas conversaciones de lo que podrían hacerlo en las sesiones formales de la conferencia, donde sus palabras a menudo se registran.

En algunos casos, los delegados eligen trasladarse a la Sala de Consultas Informales u otro lugar para reuniones informales. Cuando esto sucede, las Reglas de Procedimiento también se suspenden durante todo el tiempo que dure la reunión informal.

La naturaleza esencialmente privada de las consultas informales permite a los delegados ajustar su forma de comunicarse y lo que dicen en función de su audiencia. Pueden desear decir en privado cosas que no estarían dispuestos a decir en público. Sin embargo, esto puede volverse en su contra rápidamente si transmiten información diferente a distintos interlocutores o si intentan ocultar algo a otros delegados que probablemente se enteren por otras fuentes.

Otra consecuencia de la naturaleza informal de las conversaciones en los pasillos es que los acuerdos alcanzados durante estas conversaciones solo comprometen a quienes participan y solo de manera informal. Los acuerdos que comprometen formalmente al Consejo solo pueden alcanzarse en una sesión formal que se lleve a cabo en la sala del Consejo.

Capítulo 6

HABILIDADES

■ ESTUDIANTE FORMANDO PARTE DE UNA CONFERENCIA DEL MODELO ONU. FOTO: ONU / LOEY FELIPE

Participar de manera efectiva en una conferencia del Modelo ONU requiere una variedad de habilidades. Esta sección ofrece orientación sobre las cuatro habilidades clave:

- Presidir: La presidencia es el arte de gestionar reuniones. El presidente del Comité de la AG actúa como su oficial a cargo. Esto asegura que el debate dentro de un Comité sea ordenado y productivo.
- Hablar en público: Una conferencia internacional es, ante todo, un ejercicio de comunicación entre personas de muchas nacionalidades diferentes. Puede ser un desafío comunicarse eficazmente al dirigirse a personas con idiomas, culturas, personalidades, antecedentes profesionales y sociales, y experiencias diversas.
- Negociación: Una de las partes más importantes de participar en una conferencia internacional es desarrollar habilidades de negociación.
- Redacción: El objetivo principal de una conferencia es adoptar un documento final sobre el cual los Estados Miembros puedan estar de acuerdo. Este documento puede ser una decisión, una declaración o una resolución.

PRESIDIR UNA CONFERENCIA

El Presidente casi nunca está solo. El Presidente cuenta, en distintos grados, con el apoyo de todas las delegaciones y de la Secretaría. Sin embargo, el Presidente tiene la responsabilidad principal de dirigir los trabajos en un Comité.

En la ONU, varios oficiales presiden las reuniones formales: el PAG o los Vicepresidentes que presiden las reuniones plenarias de la AG, y los Presidentes de órganos subsidiarios (comités, grupos de trabajo, etc.). Además, existen Presidentes de diversos grupos políticos. Estos Presidentes suelen actuar como portavoces de sus grupos y como principales patrocinadores de resoluciones. También tienen derecho a convocar reuniones.

Es importante señalar que solo los oficiales que presiden las reuniones plenarias de la AG, y los de sus órganos subsidiarios (es decir, comités, grupos de trabajo, grupos de expertos), forman parte de la estructura formal de la conferencia. Los demás Presidentes, aunque están fuera de la estructura formal, desempeñan roles importantes en su funcionamiento.

El Proceso para elegir a los Presidentes en una conferencia del Modelo ONU se detalla en la Organización Paso a Paso de la AG (consulta el Capítulo 4, páginas 53–66)

El PAG o el Presidente de un Comité de la AG trabaja para garantizar que las actividades de las reuniones plenarias o de los comités se lleven a cabo de manera ordenada y eficiente, y de acuerdo con las Reglas de Procedimiento. Como los oficiales que presiden representan a todos los Estados Miembros, no pueden representar simultáneamente a una de las delegaciones participantes.

Otro rol esencial del Presidente es asegurarse de que la conferencia realice sus actividades de una manera acorde con las Reglas de Procedimiento, el mandato y los deseos de la conferencia.

El Presidente es responsable de muchas tareas, incluidas la asignación de trabajos, la gestión del tiempo y el mantenimiento del orden en el debate.

Una tarea importante del Presidente es asegurarse de que el Comité logre el resultado esencial establecido en su Programa de Trabajo.

Consideraciones Generales y Desnacionalización

Consideraciones Generales

El Presidente trabaja para garantizar que los trabajos de la conferencia se lleven a cabo de manera ordenada y eficiente, y de conformidad con las Reglas de Procedimiento. En muchas de estas Reglas de Procedimiento, las funciones y poderes exactos de los oficiales que presiden se enumeran bajo un encabezado específico. Sin embargo, también se encuentran funciones y poderes adicionales en otras partes de las Reglas.

En la práctica, el rol, las responsabilidades y los poderes del Presidente son aún más amplios. Por ejemplo, el Presidente puede representar a la conferencia, agradecer al país anfitrión, felicitar a las personas y expresar condolencias en nombre de la conferencia. El Presidente también puede realizar una rueda de prensa u otro tipo de comunicación con audiencias externas en representación de la conferencia.

Lo que es más importante aún, el Presidente también desempeña un papel clave en el proceso de la toma de decisiones de la conferencia. Las Reglas de Procedimiento típicas exigen que el Presidente haga preguntas y anuncie todas las decisiones. Cuando el Presidente toma una decisión, habla en nombre de la conferencia.

De hecho, el Presidente tiene un papel estructural en la conferencia. No solo se dispone la sala de manera que todos los delegados estén frente al Presidente, sino que todas las declaraciones destinadas a ser escuchadas por todo el Comité deben dirigirse al Presidente. Una vez más, el Presidente personifica al Comité como un todo.

Estas tres formas en que el Presidente representa y actúa en nombre de la conferencia del Modelo ONU destacan la responsabilidad central de la posición: se le llama a encarnar los objetivos o ideas de toda la conferencia, no solo de ciertas naciones o individuos.

En otras palabras, el Presidente actúa por la conferencia y solo con su consentimiento. Esta relación se expresa a menudo con las palabras: "El presidente es el servidor de la conferencia".

Sin embargo, esta descripción no debe sugerir que el rol del Presidente sea pasivo o reactivo. El Presidente debe mantenerse alerta. Es su responsabilidad comprender lo que se necesita hacer y tomar las iniciativas adecuadas para garantizar que suceda. El Presidente actúa en beneficio de la conferencia, y con la convicción de que sus acciones ayudan a producir los resultados deseados por los participantes de la conferencia.

Imparcialidad del Presidente

Debido a que el Presidente representa a toda la conferencia, no puede simultáneamente representar a una de las delegaciones participantes.

La mayoría de las Reglas de Procedimiento especifican que el Presidente no debe votar. Sin embargo, la lógica, la tradición y algunas Reglas de Procedimiento recientes imponen restricciones aún mayores. Se espera que los Presidentes dejen de operar como miembros de sus delegaciones nacionales. Si, como sucede a menudo, son líderes de su delegación, otro miembro de esa delegación debe asumir el rol de hablar y votar en nombre de la misma. El Presidente debe hablar y actuar de manera imparcial en nombre de toda la conferencia, y no buscar promover opiniones nacionales o personales.

En todo momento, el Presidente debe:

- tratar a todos los delegados por igual;
- comportarse de manera imparcial;
- no dar la impresión de favorecer a ninguna parte;
- no dar la impresión de inclinarse por ninguna de las partes en un tema controvertido.

Roles Procedimentales del PAG y Presidentes del Comité: Pasos a Seguir Durante una Conferencia

Asignación de Trabajo y Gestión de los Horarios

Una de las primeras tareas del Comité General de la AG es decidir qué temas se asignarán en la Plenaria de la AG, y cuáles a sus diversos órganos subsidiarios.

La asignación del tiempo es una tarea desafiante y debe ser una preocupación constante de los oficiales que presiden. Es probable que la Secretaría pueda brindar consejos útiles al respecto, pero la elaboración del cronograma recae en el oficial que preside, ya sea el PAG o los Presidentes de los Comités. El cronograma se detalla en el Programa de Trabajo, que se distribuye al inicio de la primera reunión de la Plenaria o del Comité.

Apertura de la Reunión

El oficial que preside debe llegar temprano, antes de la hora programada para el inicio de cada reunión. Una vez que haya suficientes delegados en la sala, el oficial que preside "declara abierta la sesión", saluda a los delegados, declara abierta la reunión, anuncia el propósito de la misma y da una breve introducción oral sobre el trabajo a realizar.

Lo que diría un PAG/Presidente para abrir una reunión:

PAG: "Se declara abierta la primera sesión plenaria de la Asamblea General". [El PAG golpea el mazo para marcar la apertura de la reunión]

Presidente: "Declaro abierta la vigésima reunión de la Tercera Comisión del sexagésimo período de sesiones de la Asamblea General".

Anuncio de Cada Fase de la Actividad del Comité

Al inicio de una reunión, y a medida que esta avanza, el oficial que preside anuncia cada paso procedimental. Explica cualquier asunto procedimental que pueda no estar claro y anticipa los movimientos posteriores. Asimismo, el Presidente cierra cada fase del debate, explica lo que se ha hecho y lo que seguirá.

Al inicio de cualquier reunión, el Presidente describe claramente a los delegados lo que ocurrirá. También les recuerda información importante que deben tener en cuenta.

Esta sección describirá lo que podría decir un Presidente al anunciar cada fase de la actividad de un Comité.

DEBATE GENERAL

Lo que podría decir un Presidente al inicio del Debate General en un Comité Principal de la AG:

"Antes de dar la palabra, quisiera recordar una vez más a todas las delegaciones que la lista abierta de oradores para el Debate General se cerrará hoy a las 6 p.m. Todas las delegaciones interesadas en intervenir deben hacer todo lo posible por inscribir sus nombres en la lista antes de esa hora límite". O "Distinguidos delegados, esta mañana el Comité continuará su Debate General sobre el tema 86 de la agenda, de acuerdo con su Programa de Trabajo y cronograma. El primer orador en mi lista es el distinguido embajador de Nigeria. Tiene la palabra".

Lo que podría decir un Presidente al inicio de una reunión que concluirá el Debate General:

"Hoy, el Comité concluirá el Debate General sobre los temas que le fueron asignados, de acuerdo con el Programa de Trabajo y cronograma".

Al final del Debate General sobre un tema de la agenda, el Presidente podría decir:

"Hemos escuchado al último orador en el debate sobre este tema. La Asamblea (o el Comité) ha concluido así esta etapa de su consideración del tema 43 de la agenda (o cualquier tema en consideración)".

Introducción de un borrador de resolución

Después de concluir el debate sobre un tema de la agenda, el siguiente paso es introducir un borrador de resolución relacionado con el tema debatido. En este punto, el Presidente podría decir:

"Hemos escuchado al último orador en el debate sobre este tema 43. El Comité procederá ahora a considerar el borrador de resolución A/67/L.8. Concedo la palabra al representante del País A para que introduzca el borrador de resolución".

Procedimientos para un borrador de resolución

El Presidente siempre sabrá de antemano si un borrador de resolución será adoptado por consenso o si se ha solicitado una votación registrada antes de proceder. La delegación que solicite una votación registrada sobre un borrador de resolución debe hacerlo por escrito antes del momento en que se vote.

Introducción de enmiendas

Si los delegados no han podido alcanzar un consenso sobre un borrador de resolución, ciertas delegaciones podrían optar por introducir enmiendas antes de proceder. Todas las enmiendas deben presentarse de la misma manera que un borrador de resolución. Es decir, las enmiendas deben ser entregadas a la Secretaría con antelación para que puedan ser distribuidas a todos los delegados antes de proceder.

Lo que podría decir un Presidente cuando se hayan presentado enmiendas:

"Pasaremos ahora a la siguiente fase de nuestras actividades, la introducción de enmiendas. Solicito a las delegaciones que han presentado enmiendas que las introduzcan en el orden en que fueron presentadas. Concedo la palabra primero al distinguido delegado del País B".

"La próxima enmienda será presentada por el País C. Concedo la palabra al distinguido representante del país C".

Una vez que se hayan presentado las enmiendas, se procede sobre ellas individualmente en el orden en que fueron presentadas.

Lo que podría decir un Presidente para proceder sobre las enmiendas presentadas:

"Todas las enmiendas propuestas al borrador de resolución A/C.1/53/L.52 han sido introducidas. Las consideraremos en el orden en que fueron presentadas. Comenzamos con el País B: enmienda al borrador de resolución A/C.1/53/L.22".

Una vez que se hayan considerado todas las enmiendas propuestas, el Comité procederá a tomar acción sobre el borrador de resolución completo.

Lo que podría decir un Presidente después de considerar las enmiendas y antes de proceder sobre el borrador de resolución:

"Todas las enmiendas propuestas al borrador de resolución A/C.1/53/L.22 han sido consideradas. Procederemos ahora a considerar el borrador de resolución A/C.1/53/L.22. Concedo la palabra a los representantes que deseen explicar sus votos antes de la votación".

Una delegación puede decidir retirar una enmienda en cualquier momento antes de que se tome acción sobre ella. Una delegación que desee hacerlo podría decir:

"El País A no buscará llevar a cabo una acción sobre la enmienda presentada por nosotros en el documento... "

Cuando esto ocurre, el Presidente confirmará esta decisión diciendo:

"En consecuencia, quedan retiradas las enmiendas propuestas en los documentos... "

Votación Sobre Una Parte De Un Borrador De Resolución Antes De Votar Sobre La Resolución Completa

En ocasiones, una delegación solicita una votación separada sobre una parte específica de un borrador de resolución. Esto tiene prioridad sobre la votación del borrador de resolución en su totalidad.

Lo que podría decir un Presidente cuando se solicita una votación separada sobre un párrafo de un borrador de resolución:

"El Comité procederá ahora a tomar acción sobre el borrador de resolución A/C.1/60/L.4. Se ha solicitado una votación registrada. Se ha solicitado una votación separada sobre el párrafo operativo 4. Concedo la palabra al Secretario del Comité para llevar a cabo la votación".

VOTACIÓN SOBRE LA RESOLUCIÓN COMPLETA

Después de concluir la votación sobre las enmiendas, o si no se han presentado enmiendas, el Presidente procede a considerar la resolución completa. Antes de hacerlo, el Presidente brinda a todas las delegaciones la oportunidad de explicar su posición o su voto antes de continuar.

En este caso, un Presidente podría decir:

"Todas las enmiendas propuestas al borrador de resolución A/C.1/53/L.22 han sido consideradas. Procederemos ahora a considerar el borrador de resolución A/C.1/53/L.22 en su totalidad. Concedo la palabra primero a aquellos representantes que deseen explicar su voto antes de que se tome una decisión".

Si no se propusieron enmiendas y el borrador de resolución será adoptado por consenso, el Presidente diría:

"Procederemos ahora a considerar el borrador de resolución A/C.1/53/L.22 en su totalidad. Concedo la palabra primero a aquellos representantes que deseen explicar su posición antes de que se tome una decisión".

Explicación de la posición antes de tomar una decisión o explicación del voto antes de la votación

Después de que se presenta un borrador de resolución, los Estados Miembros tienen la oportunidad de explicar su posición antes de que se decida (si se adoptará por consenso). También tienen la oportunidad de explicar su voto (si se ha solicitado una votación registrada). A diferencia del Debate General, no hay una lista de oradores. Los delegados levantan sus carteles para indicar que desean hablar, y el Presidente les concede la palabra en el orden que considere. Los patrocinadores del borrador de resolución no pueden explicar su posición ni su voto.

La frase "explicación de la posición antes que se decida" se utiliza cuando un borrador de resolución será adoptado por consenso. La frase "explicación del voto antes de la votación" se usa cuando se ha solicitado una votación registrada con antelación.

Una vez que todas las delegaciones que desean explicar su voto o posición hayan hablado, antes de que se decida, el Secretario leerá el título del borrador de la resolución. El Secretario también mencionará qué Estado Miembro lo introdujo y cuáles Estados Miembros añadieron sus nombres a la lista de copatrocinadores.

Conclusión del proceso de la toma de decisiones

Si la resolución será adoptada por consenso, el Secretario o Presidente mencionará que "los patrocinadores esperan que el borrador de resolución sea adoptado por consenso".

Lo que podría decir un Presidente:

"Los patrocinadores del borrador de resolución han expresado su deseo de que sea adoptado por el Comité sin votación. Si no escucho objeción, asumiré que el Comité desea actuar en consecuencia. Así se decide".

Si este no es el caso, entonces el Secretario o Presidente anunciará que "se ha solicitado una votación registrada" y el Secretario procederá a llevar a cabo la votación. Una vez que el proceso de votación haya comenzado, no puede ser interrumpido. Después de completar el proceso de votación, se anunciarán los resultados.

Los patrocinadores no pueden añadirse a una resolución una vez que se ha decidido sobre el borrador de resolución.

Explicación de la posición después de la decisión o explicación del voto después de la votación

Una vez tomada la acción, las delegaciones tienen una última oportunidad de dejar constancia de sus puntos de vista. Aquellas delegaciones que no son patrocinadoras de la resolución tienen la oportunidad de explicar su posición, si es que la misma ha sido adoptada por consenso. Alternativamente, pueden explicar su voto tras la votación.

Cuando el último orador haya finalizado, el Presidente puede concluir diciendo:

"¿Puedo asumir que es el deseo de la Asamblea General [o del Comité] concluir su consideración del tema 58 de la agenda? Así se decide".

Toma de decisiones

La fase de acción es un componente particularmente delicado de la actividad de un Comité. El Presidente presta especial atención durante esta fase. En el caso de propuestas escritas de borradores, el Presidente explica la situación procedimental para asegurarse de que todas las delegaciones la comprendan plenamente. Hace todo lo posible para garantizar que el proceso de toma de decisiones sea completamente transparente y que los deseos de las delegaciones se reflejen con precisión. La manera más común de tomar decisiones es que el Presidente declare que una resolución ha sido adoptada por consenso. Esto requiere que el Presidente tenga un buen sentido de los deseos de las delegaciones, ya que la resolución está sujeta a ser aceptada por todo el Comité.

Una parte importante de las responsabilidades del Presidente es garantizar que se tomen todas las decisiones necesarias y que se registren debidamente.

Durante la Noche

Cada noche, después de cerrar la reunión, el Presidente comienza a planificar el trabajo del día siguiente. Es importante asegurarse de que el Presidente esté informado sobre lo que ha ocurrido en las consultas y otras reuniones en las que no estuvo presente. También debe asegurarse de estar al tanto de los posibles desarrollos en las reuniones venideras. Con este propósito, a menudo es necesario realizar una reunión de la Mesa Directiva por la mañana antes de la sesión del día. Según corresponda, el Presidente prepara con antelación las intervenciones que realizará en las reuniones. En ocasiones, puede ser ventajoso reunirse con algunas delegaciones y/u organizar un aviso previo a las delegaciones sobre los desarrollos inminentes.

Cierre de la Conferencia

Finalmente, corresponde al PAG declarar finalizada la conferencia. Antes de hacerlo, el PAG suele agradecer a los delegados y a la Secretaría. También puede compartir algunas observaciones sobre los resultados de la conferencia.

El rol principal del Presidente

El Presidente es responsable de gestionar las reuniones del Comité para que funcionen sin contratiempos. Sin embargo, también tiene la responsabilidad de garantizar que el Comité produzca un resultado que sea inmediatamente aceptable para todos o, al menos, para una gran mayoría de los delegados.

El Presidente actúa como representante de todo el Comité, y sus acciones deben ser aceptables por este. Ese apoyo es posible mientras el Presidente refleje una buena comprensión de los deseos de las delegaciones.

En algunas conferencias del Modelo ONU, el Presidente desempeña principalmente un rol procedimental, y se pasa por alto el rol fundamental. Resaltar este rol fundamental en esta posición clave de liderazgo en las conferencias del Modelo ONU puede mejorar enormemente el proceso de negociación y traducirse en que aún más decisiones sean adoptadas por consenso.

Tareas Clave

Una de las responsabilidades importantes del Presidente es interesarse en el resultado concreto de la conferencia. Sin embargo, debe desempeñar esta responsabilidad de manera imparcial y objetiva.

Planificación y definición de la agenda

El Presidente debe tener una idea clara de qué resultado es posible y deseable. Además, debe contar con un plan sobre cómo se puede lograr ese resultado. Ambas situaciones estarán sujetas a un monitoreo constante y posibles revisiones a medida que la conferencia avance. La evolución de la conferencia estará fuertemente influenciada por el seguimiento del debate y las negociaciones realizadas por el Presidente, así como por lo que escuche en las consultas con los delegados. No obstante, el resultado deseable es más que la suma de los deseos de todos los delegados. También debe ser un resultado jurídica y técnicamente correcto, además de sostenible.

Implementación

La responsabilidad del Presidente es facilitar el curso de la conferencia. Sin embargo, si la conferencia muestra señales de estancamiento o de desviarse de su rumbo, el Presidente debe asumir un rol más activo. Este rol puede incluir alentar a las delegaciones a actuar de manera constructiva para que la conferencia retome su progreso. Como último recurso, el Presidente podría tener que actuar de manera más directa. Por ejemplo, podría convocar a un grupo consultivo, llamar la atención de la conferencia sobre opciones o hacer sugerencias basadas en su conocimiento y comprensión de los deseos de las delegaciones, así como de las consideraciones técnicas y legales aplicables.

Recursos y Herramientas Disponibles para el Presidente

El Presidente debe gestionar y aprovechar una variedad de recursos.

Reglas de procedimiento

Estas respaldan los amplios poderes del Presidente. (Consulta la sección sobre reglas de procedimiento, páginas 37–38, donde se discute este tema en detalle).

Mantener una atmósfera positiva

El ambiente o estado de ánimo del Comité es otro factor que el Presidente debe gestionar. Una atmósfera positiva y constructiva puede ayudar a que la conferencia alcance sus objetivos.

Tiempo

El Presidente debe administrar el tiempo disponible, lo cual puede afectar tanto los procedimientos como los resultados. Por lo tanto, podría considerar necesario proporcionar más tiempo para consultas. Si es posible, el Presidente podría tener que solicitar que el debate o las negociaciones se extiendan hasta la noche.

Prestigio

El Presidente es el líder reconocido y representante de todo el Comité. Siempre que conserve la confianza de las delegaciones, el prestigio del puesto tiene una capacidad de influencia considerable.

Asistencia

Como se señaló anteriormente, todas las delegaciones con una mentalidad constructiva tenderán a apoyar al Presidente.

Asimismo, la Secretaría de la conferencia debe asistir al Presidente. Para la mayoría de las conferencias, la Secretaría prepara un entorno con sugerencias de palabras que el Presidente puede usar.

Métodos

El Presidente cuenta con una amplia gama de métodos para lograr la aceptación final de un resultado. Algunos ejemplos de estos métodos son:

a. El Presidente proporciona tiempo para facilitar el debate y la negociación. Si es necesario, el Presidente puede:

    - Sugerir consultas

- Designar a un "Amigo del Presidente" o facilitador para llevar a cabo consultas
- Realizar una serie de consultas separadas

b. El Presidente a menudo influye en el curso del debate y, por ende, en el resultado de la conferencia, asegurándose de que los delegados comprendan plenamente el propósito, el contexto y la historia de un tema. También puede influir en el resultado haciendo sugerencias sobre cómo la conferencia o sus delegados deberían abordar su trabajo.

c. El Presidente también puede mediar acuerdos entre delegaciones que estén en desacuerdo, y ayudarles a encontrar una solución satisfactoria para sus diferencias. Para ello, puede:

- transmitir mensajes entre delegaciones;
- ofrecer explicaciones sobre sus respectivas posiciones;
- fomentar la comprensión y la disposición a comprometerse;
- hacer sugerencias a ambas partes sobre cómo avanzar con sus objetivos y lo que se puede alcanzar de forma realista.

d. Del mismo modo, el Presidente puede asumir un papel más activo para garantizar que los textos constructivos estén disponibles a tiempo. Esto puede incluir una compilación de textos acordados y alternativas entre corchetes propuestas por las delegaciones, o lo que se denomina un "texto del Presidente". Un "texto del Presidente" es una propuesta basada en la evaluación del mismo de lo que podría ser aceptable para la conferencia, considerando el debate y las negociaciones previas, complementado con las consultas del Presidente.

Las decisiones sobre si producir dichos documentos requieren un criterio prudente. Si se van a producir documentos, el Presidente debe considerar el momento adecuado, el grado de consulta previa o de previo aviso antes de presentarlos y el alcance en que se incluirán las propuestas propias del Presidente.

En todas estas actividades, el Presidente actúa en nombre del Comité en su conjunto y con su consentimiento. Esto significa que el Presidente debe tener una idea muy clara de lo que la Conferencia quiere y aprobará colectivamente, o al menos aceptará.

Las actividades del Presidente al dirigir el trabajo de un Comité

Asegurar que los Comités realicen su trabajo

Un rol esencial de los Presidentes es garantizar que los comités lleven a cabo su trabajo de manera adecuada, de conformidad con las Reglas de Procedimiento y de acuerdo con el mandato y los deseos de los delegados.

Para ello, el Presidente puede emplear cuatro técnicas diferentes (o combinaciones de ellas) que se explican en las siguientes secciones. Estas son:

1. otorgar permiso y permitir que las cosas sucedan;
2. facilitar que ocurran;
3. hacer que ocurran indirectamente;
4. realizarlas personalmente.

Permitir que las cosas sucedan

El Presidente mantiene el orden al permitir selectivamente ciertas actividades y/o decidir cuándo deben llevarse a cabo. Por ejemplo:

- Un Comité no puede realizar ninguna actividad formal si el Presidente (o Vicepresidente) no está presidiendo.
- La conferencia no entrará en sesión hasta que el Presidente lo indique.
- Ningún delegado puede hablar (formalmente) sin el permiso del Presidente, quien también puede retirar dicho permiso.
- La conferencia no puede actuar (por ejemplo, iniciar el debate de un tema de la agenda) a menos que el Presidente lo permita.
- La conferencia no tomará una decisión hasta que el Presidente la confirme.
- La conferencia estará en sesión hasta que el Presidente la declare cerrada formalmente.

Así como mantener una puerta cerrada bloquea la actividad, abrirla permite que ocurran actividades.

Por ejemplo, el PAG:

- Abre la primera reunión plenaria de cada sesión, permitiendo que las delegaciones comiencen su trabajo.
- Inicia cada acción o decisión (por ejemplo, cerrar el debate de un tema de agenda y pasar al siguiente).

De manera similar, el Presidente de un Comité:

- Abre la primera reunión del Comité, permitiendo que las delegaciones comiencen a trabajar en los temas de la agenda asignados.
- Inicia cada acción o decisión (por ejemplo, cerrar el debate de un tema de agenda y pasar al siguiente).

Facilitar el trabajo de la conferencia

El Presidente dispone de muchas técnicas para facilitar el trabajo de la conferencia, entre ellas:

- Asignar tiempo adecuado para el debate y las consultas informales.

- Resolver cualquier problema relacionado con el procedimiento, permitiendo que la conferencia continúe su trabajo de manera adecuada.
- Suspender la sesión para permitir consultas informales.

CAUSAR INDIRECTAMENTE QUE LAS COSAS SUCEDAN

Ejemplos de esta técnica incluyen:

- Invitar a un delegado a hacer una declaración.
- Sugerir que se lleven a cabo consultas informales.
- Designar a un "Amigo del Presidente" o facilitador para realizar consultas o buscar consenso sobre un tema específico.
- Solicitar a la Secretaría que brinde un servicio particular (por ejemplo, un servicio de interpretación para una sesión nocturna).

INICIATIVAS PERSONALES DEL PRESIDENTE

En última instancia (muchos presidentes experimentados dicen "como último recurso"), el Presidente puede asumir un rol más activo. Por ejemplo:

- Convocar personalmente un grupo de contacto y presidirlo.
- Actuar como intermediario, facilitador o "mediador" para resolver desacuerdos entre delegados.
- Proponer un paso procedimental, como dejar un tema de lado o remitirlo a otro órgano.
- Presentar formulaciones o textos completos de borradores al Comité en su propio nombre (como se explica más adelante).

El Presidente como Organizador

El Presidente acepta la responsabilidad de garantizar que el Comité realice y complete su trabajo. Por lo tanto, puede planificar, supervisar y liderar:

- El desarrollo de un Programa de Trabajo, que incluye:
    - La asignación de tareas a los comités y otros órganos subsidiarios.
    - La asignación de tiempo para cada tarea (por ejemplo, para el debate de un tema de la agenda).
- La ejecución del programa de trabajo, mediante la cual puede:
    - Iniciar el debate sobre cada tema de la agenda.
    - Asegurarse de que el debate sea ordenado.
    - Iniciar el proceso de la toma de decisiones.
    - Garantizar que los resultados se registren debidamente.

REDACCIÓN DE RESOLUCIONES

Antecedentes

Existen seis órganos principales de las Naciones Unidas. Sin embargo, desde que el Consejo de Administración Fiduciaria suspendió sus operaciones el 1 de noviembre de 1994, solo tres adoptan resoluciones: la AG, el CS, y el ECOSOC. Esta sección explorará la naturaleza de la redacción de resoluciones que se aplica por igual a los tres órganos.

Si consideramos que la Carta es el texto básico o la "Constitución" de la organización, también podemos considerar que las resoluciones adoptadas por la AG constituyen la "ley" de la Organización. Y, dado que representan la ley de la Organización, es lógico que el texto producido sea claro. Sin embargo, esto no ocurre siempre. A veces, las resoluciones adoptadas por la AG pueden ser ambiguas e incluso contradictorias. Esto no es necesariamente culpa de quien redacta. A diferencia de los primeros días, cuando cada borrador de resolución se sometía a votación, en la actualidad, cada borrador de resolución es el resultado de consultas informales. En este proceso, se realizan compromisos y el lenguaje final del texto a veces puede ser impreciso.

El principal objetivo de una conferencia es adoptar un documento final con el que los Estados Miembros en su conjunto puedan estar de acuerdo. Los borradores de resoluciones pueden presentarse tan pronto como se adopte la agenda de la AG y se decida si un tema en particular será asignado a la Plenaria de la AG o a uno de sus Comités Principales.

Los Estados Miembros que consulten sobre un borrador de resolución o decisión antes de su adopción formal pueden recurrir a una de dos prácticas comunes.

Negociaciones antes de presentar

El patrocinador principal consulta con los Estados Miembros y realiza negociaciones informales sobre el borrador antes de presentar la "mejor versión posible". Esto permite que se tome acción inmediatamente después de la introducción del Documento-L. Esta es la práctica normal en la Plenaria.

Negociaciones Después de Presentar

El patrocinador principal presenta un borrador de resolución o decisión sin consultas previas. Después de la introducción del Documento-L, se realizan negociaciones informales, lideradas por el patrocinador principal o por un facilitador designado por el Presidente de un Comité Principal. Si se alcanza un consenso, el texto negociado reemplaza al borrador original. Esto se hace de dos maneras: el patrocinador retira el Documento-L original, y se emite un nuevo Documento-L después de que un miembro de la Mesa presente el texto negociado; o el patrocinador presenta el texto negociado como una revisión del Documento-L original (emitido como L.xx/Rev.1). En ambos casos, la resolución o decisión se adopta por consenso.

Si las negociaciones no resultan en consenso, el patrocinador puede solicitar acción sobre el Documento-L original o sobre el texto negociado (emitido como L.xx/Rev.1). En ambos casos, el borrador de resolución o decisión se somete a votación, a menudo acompañado de propuestas de enmiendas y solicitudes de votación sobre párrafos específicos.

La redacción y la negociación están estrechamente relacionadas porque las negociaciones suelen implicar acuerdos sobre las palabras que describen una acción que se tomará sobre un tema específico de la agenda.

Historia de vida de un texto

Los textos que adoptan las conferencias internacionales comienzan como un borrador de palabras que impulsarán un objetivo particular (por ejemplo, mayor seguridad en la navegación, medidas para remediar un problema de salud pública, etc.). Hasta que se adopten en la conferencia, estas palabras no son más que propuestas y, a menudo, se olvidan. Una vez adoptadas, tienen la autoridad de la conferencia.

Estructura de resoluciones y palabras comúnmente utilizadas

La forma más común en que una conferencia se expresa es a través de resoluciones, que tienen un formato particular.

Cada resolución consiste en una única oración larga. Comienza con el nombre del órgano principal que adopta la resolución (por ejemplo, la Asamblea General o el Consejo de Seguridad) y es seguida por varios párrafos del preámbulo. Los párrafos del preámbulo no son realmente párrafos, sino cláusulas dentro de la oración. Cada uno comienza con un verbo en participio presente (por ejemplo, Recordando, Considerando, Notando), que va en mayúscula, y termina con una coma. A veces, la cláusula comienza con más de una palabra clave, como *Notando con satisfacción, Notando con pesar*, etc. Estas palabras siempre se escriben en cursiva.

Después de los párrafos del preámbulo vienen los párrafos operativos, cada uno de los cuales comienza con un verbo en tiempo presente, también en mayúscula, y termina con un punto y coma, excepto el último, que termina con un punto.

Palabras Comúnmente Utilizadas al Comienzo de los Párrafos del Preámbulo

- Reconociendo
- Afirmando
- Apreciando
- Aprobando
- Teniendo conocimiento
- Teniendo en cuenta
- Creyendo
- Felicitando
- Interesado en
- Consciente
- Considerando
- Convencido

- Deseando
- Enfatizando
- Esperando
- Expresando
- Plenamente consciente
- Guiado por
- Habiendo adoptado
- Habiendo considerado
- Habiendo notado
- Habiendo revisado
- Consciente de
- Notando
- Notando con aprobación
- Notando con preocupación
- Notando con satisfacción
- Observando
- Comprendiendo
- Recordando
- Reconociendo
- Buscando
- Teniendo en cuenta
- Subrayando
- Dando la bienvenida
- Considerando que

Consejos sobre el orden de los párrafos en la sección preambular

Si el preámbulo va a hacer referencia a la Carta de las Naciones Unidas, debe colocarse en primer lugar. Si la resolución comienza con una referencia general a los "propósitos y principios de la Carta de las Naciones Unidas", debe incluirse otra cláusula en el preámbulo que haga referencia más específica a un Capítulo o Artículo de la Carta que elabore los principios pertinentes para el tema de la resolución. La primera vez que se menciona en la sección preambular u operativa, debe referirse como la Carta de las Naciones Unidas. Posteriormente, puede mencionarse simplemente como la Carta.

Las referencias a resoluciones o decisiones anteriores suelen colocarse en segundo lugar (por ejemplo, "*Recordando* su resolución 65/309 del 19 de julio de 2011"). Si la resolución fue adoptada en el CS, la redacción correcta sería: "*Recordando* la resolución 338 (1973) del CS del 22 de octubre de 1973". No se considera adecuado escribir: "*Recordando* la resolución 338 (1973) de 22 de octubre de 1973 del CS". La primera vez que se menciona una resolución del CS, se incluye la fecha. Después, solo se necesita mencionar el número y el año de la resolución, por ejemplo, resolución 338 (1973).

A continuación, es adecuado incluir observaciones generales sobre el contenido o propósito de la resolución, que sirvan de base para el resto del texto. Esto ayuda a preparar el terreno para la llamada a la acción en la sección operativa de la resolución.

Finalmente, si se incluye una referencia a un informe sobre este tema, esta debe ir al final (por ejemplo, "*Tomando nota* del informe del Secretario General"). Si esto se hace, no es apropiado incluir el símbolo del documento en el texto; este debe ir en una nota al pie.

Palabras Comúnmente Utilizadas al Comienzo de los Párrafos Operativos

- Acepta
- Acuerda
- Adopta
- Alienta
- Apela
- Apoya
- Aprueba
- Autoriza
- Avala
- Considera
- Decide
- Declara
- Deroga
- Determina
- Dirige
- Elogia
- Enfatiza
- Expresa agradecimiento
- Expresa esperanza
- Insta
- Invita
- Nota
- Nota con aprobación
- Nota con preocupación
- Nota con satisfacción
- Proclama
- Reafirma
- Recomienda
- Recuerda
- Requiere
- Resuelve
- Solicita
- Sugiere
- Toma nota

Todas las resoluciones tienen al menos un párrafo operativo, pero muchas contienen varios párrafos del preámbulo y operativos. Si varios párrafos del preámbulo u operativos comienzan con la misma palabra (por ejemplo, "notando" o "nota"), es tradicional usar "además" para el segundo uso, y "también" para el tercero y los usos posteriores (por ejemplo, "Notando", "Notando además", "Notando también", etc.).

En la AG y muchas otras conferencias, los párrafos del preámbulo no están numerados, mientras que los párrafos operativos sí lo están. Sin embargo, si solo hay un párrafo operativo, no se numera.

Informalmente, los párrafos del preámbulo se denominan PP1, PP2, etc., y los párrafos operativos como OP1, OP2, etc.

Los párrafos del preámbulo sirven para explicar la base de la acción solicitada en los párrafos operativos. Pueden utilizarse para construir un argumento, generar apoyo o expresar principios generales. Se tolera cierta falta de precisión en la redacción de los párrafos del preámbulo.

Los párrafos operativos expresan lo que la conferencia ha decidido hacer. Un lenguaje preciso y claro mejora el impacto político y facilita la implementación.

Del mismo modo, la brevedad es preferible, ya que resulta políticamente mucho más poderosa.

Consejos sobre el Orden de los Párrafos en la Sección Operativa

Primero, haz referencia al pasado. Si bien las referencias a la Carta y a resoluciones previas deben incluirse en el preámbulo, si deseas darle más énfasis a un informe, puedes colocarlo en la primera sección operativa.

Luego, especifica las acciones actuales, por ejemplo: *"Decide", "Decide también"* y *"Decide además"*.

El formato actual de las resoluciones es, sin duda, un producto de la costumbre y la tradición que se remonta a los días de la Liga de las Naciones (1919-1946). Este lenguaje y formato son aceptados y entendidos por los gobiernos de todo el mundo, a pesar de las diferencias de idioma, tradición y política.

Ejemplo de una Resolución de la AG.

Naciones Unidas A/RES/67/234

Asamblea General

Distr. general
4 de enero de 2013

Sexagésimo séptimo período de sesiones
Tema 94 del programa

Resolución aprobada por la Asamblea General el 24 de diciembre de 2012

[*sobre la base del informe de la Primera Comisión (A/67/409)*]

67/234. El tratado sobre el comercio de armas

La Asamblea General,

Guiada por los propósitos y principios consagrados en la Carta de las Naciones Unidas y reafirmando su respeto y adhesión al derecho internacional,

Recordando sus resoluciones 46/36 L, de 9 de diciembre de 1991, 51/45 N, de 10 de diciembre de 1996, 51/47 B, de 10 de diciembre de 1996, 56/24 V, de 24 de diciembre de 2001, 60/69 y 60/82, de 8 de diciembre de 2005, 61/89, de 6 de diciembre de 2006, 63/240, de 24 de diciembre de 2008, y 64/48, de 2 de diciembre de 2009, así como su decisión 66/518, de 2 de diciembre 2011,

Expresando decepción por el hecho de que la Conferencia de las Naciones Unidas relativa al Tratado sobre el Comercio de Armas, celebrada del 2 al 27 de julio de 2012, no fuera capaz de llevar a cabo su cometido de elaborar un

12-49267 (s)

Se ruega reciclar

instrumento jurídicamente vinculante sobre las normas internacionales comunes más elevadas posibles para la transferencia internacional de armas convencionales,

Observando que el proyecto de texto del tratado sobre el comercio de armas, presentado el 26 de julio de 2012 por el Presidente de la Conferencia en el documento de sesión A/CONF.217/CRP.1, refleja progresos en las negociaciones, pero teniendo al mismo tiempo presente las peticiones de más tiempo para examinar dicho documento formuladas por algunos Estados,

Decidida a aprovechar los progresos realizados hasta la fecha para lograr la aprobación de un tratado sobre el comercio de armas sólido, equilibrado y eficaz,

1. *Toma conocimiento* del informe de la Conferencia de las Naciones Unidas relativa al Tratado sobre el Comercio de Armas que figura en el documento A/CONF.217/4;

2. *Decide* convocar en Nueva York, del 18 al 28 de marzo de 2013, la Conferencia Final de las Naciones Unidas relativa al Tratado sobre el Comercio de Armas, que se regirá por el reglamento, aprobado el 3 de julio de 2012, que figura en el documento A/CONF.217/L.1, a fin de concluir la elaboración del tratado sobre el comercio de armas, de manera abierta y transparente, empleando, *mutatis mutandis*, las modalidades en que se desarrolló la Conferencia de las Naciones Unidas relativa al Tratado sobre el Comercio de Armas;

3. *Decide también* que el proyecto de texto del tratado sobre el comercio de armas, presentado el 26 de julio de 2012 por el Presidente de la Conferencia de las Naciones Unidas relativa al Tratado sobre el Comercio de Armas en el documento de sesión A/CONF.217/CRP.1, será la base para la labor futura relativa al tratado sobre el comercio de armas, sin perjuicio del derecho de las delegaciones a presentar propuestas adicionales sobre dicho texto;

4. *Solicita* al Secretario General que celebre consultas para la presentación de la candidatura a Presidente designado de la Conferencia Final de las Naciones Unidas relativa al Tratado sobre el Comercio de Armas;

5. *Solicita* al Presidente designado que, antes de la Conferencia de 2013, celebre consultas sobre la base del proyecto de texto del tratado sobre el comercio de armas presentado por el Presidente de la Conferencia de las Naciones Unidas relativa al Tratado sobre el Comercio de Armas en el documento de sesión A/CONF.217/CRP.1;

6. *Solicita* al Secretario General que preste a la Conferencia Final de las Naciones Unidas relativa al Tratado sobre el Comercio de Armas toda la asistencia necesaria, incluido el suministro de información básica fundamental y documentos pertinentes, teniendo presentes aquellos ya puestos a disposición de la Conferencia de las Naciones Unidas relativa al Tratado sobre el Comercio de Armas;

7. *Decide* seguir ocupándose de la cuestión en su sexagésimo séptimo período de sesiones, y exhorta para ello al Presidente de la Conferencia Final de las Naciones Unidas relativa al Tratado sobre el Comercio de Armas a que la informe sobre los resultados de la Conferencia en una reunión que se celebrará tan pronto como sea posible pasado el 28 de marzo de 2013;

8. *Decide también* incluir en el programa provisional de su sexagésimo octavo período de sesiones un tema titulado "El tratado sobre el comercio de armas".

62ª sesión plenaria
24 de diciembre de 2012

Éste es un ejemplo de una resolución del CS.

Naciones Unidas S/RES/1805 (2008)

Consejo de Seguridad

Distr. general
20 de marzo de 2008

Resolución 1805 (2008)

Aprobada por el Consejo de Seguridad en su 5856ª sesión, celebrada el 20 de marzo de 2008

El Consejo de Seguridad,

Reafirmando que el terrorismo en todas sus formas y manifestaciones constituye una de las amenazas más graves para la paz y la seguridad internacionales y que todos los actos de terrorismo son criminales e injustificables, cualquiera sea su motivación y dondequiera y por quienquiera que sean cometidos, y *resuelto a seguir contribuyendo* a reforzar la eficacia de todos los esfuerzos por luchar contra este flagelo a nivel mundial,

Recordando la resolución 1373 (2001), de 28 de septiembre de 2001, por la que estableció el Comité contra el Terrorismo, y *recordando también* sus otras resoluciones relativas a las amenazas para la paz y la seguridad internacionales causadas por actos terroristas,

Recordando, en particular, su resolución 1535 (2004), de 26 de marzo de 2004, y su resolución 1787 (2007), de 10 de diciembre de 2007, relativas a la Dirección Ejecutiva del Comité contra el Terrorismo,

Recordando también sus exámenes anteriores de la Dirección Ejecutiva del Comité contra el Terrorismo, a los que se hace referencia en las declaraciones de la Presidencia del Consejo de Seguridad contenidas en los documentos S/PRST/2005/64, de 21 de diciembre de 2005, y S/PRST/2006/56, de 20 de diciembre de 2006, y *reafirmando* las conclusiones allí contenidas,

Expresando su satisfacción por el plan de organización revisado para la Dirección Ejecutiva del Comité contra el Terrorismo, presentado por su Director Ejecutivo (S/2008/80), y las recomendaciones que contiene,

Observando con reconocimiento que la Dirección Ejecutiva del Comité contra el Terrorismo asigna importancia a los principios rectores de la cooperación, la transparencia y la ecuanimidad y ha expresado la intención de adoptar una estrategia de comunicación más proactiva,

Destacando el papel esencial que desempeñan las Naciones Unidas en la lucha mundial contra el terrorismo y *expresando su beneplácito* por la aprobación, por la Asamblea General, de la Estrategia global de las Naciones Unidas contra el terrorismo (A/60/288) el 8 de septiembre de 2006, y la creación de un Equipo

08-27928 (S)

Especial sobre la ejecución de la lucha contra el terrorismo a fin de asegurar la coordinación y la coherencia generales de las medidas que adopte el sistema de las Naciones Unidas contra el terrorismo,

Recordando a los Estados que deben asegurarse de que todas las medidas que adopten para combatir el terrorismo se ajusten a todas las obligaciones que les incumben en virtud del derecho internacional, y que deben adoptar tales medidas de conformidad con el derecho internacional, en particular, las normas internacionales de derechos humanos, el derecho de los refugiados y el derecho humanitario, y *recordando* que la Dirección Ejecutiva del Comité contra el Terrorismo, de conformidad con su mandato, debe seguir asesorando al Comité en cuestiones de derecho internacional en lo que respecta a determinar y aplicar medidas eficaces para cumplir las resoluciones 1373 (2001) y 1624 (2005),

1. *Subraya* que el objetivo último del Comité contra el Terrorismo es asegurar la plena aplicación de la resolución 1373 (2001) y *recuerda* que la Dirección Ejecutiva cumple una función esencial para apoyar al Comité en el cumplimiento de su mandato;

2. *Decide* que la Dirección Ejecutiva seguirá actuando como misión política especial, con la orientación normativa del Comité contra el Terrorismo, durante el período que terminará el 31 de diciembre de 2010, y *decide también* hacer un examen provisional de la labor de la Dirección Ejecutiva antes del 30 de junio de 2009 y examinarla a fondo antes de que concluya su mandato;

3. *Expresa su beneplácito* por el hecho de que el Comité contra el Terrorismo haya aprobado las recomendaciones contenidas en el "Plan de organización revisado para la Dirección Ejecutiva del Comité contra el Terrorismo (S/2008/80)" y *reafirma* esa aprobación;

4. *Insta* a la Dirección Ejecutiva del Comité contra el Terrorismo a que siga reforzando su función de prestar asistencia técnica para la aplicación de la resolución 1373 (2001) a fin de aumentar la capacidad de los Estados Miembros de combatir el terrorismo atendiendo a sus necesidades en ese ámbito;

5. *Destaca* la importancia de que se entable un diálogo entre la Dirección Ejecutiva del Comité contra el Terrorismo, el Comité contra el Terrorismo y los Estados Miembros, en función de sus necesidades, entre otras cosas, para que los Estados Miembros elaboren las estrategias de aplicación pertinentes, y *alienta* al Comité contra el Terrorismo y a su Dirección Ejecutiva a concertar reuniones de distinta índole con los Estados Miembros;

6. *Insta también* a la Dirección Ejecutiva del Comité contra el Terrorismo a que intensifique su cooperación con las organizaciones internacionales, regionales y subregionales pertinentes a fin de aumentar la capacidad de los Estados Miembros de aplicar cabalmente la resolución 1373 (2001) y facilitar la prestación de asistencia técnica;

7. *Alienta* a la Dirección Ejecutiva del Comité contra el Terrorismo a seguir brindando el apoyo necesario al Comité contra el Terrorismo en su labor con los Estados Miembros para lograr la plena aplicación de su resolución 1624 (2005), de conformidad con lo dispuesto en el párrafo 6 de esa resolución;

8. *Expresa también su beneplácito* por la reunión informativa organizada por el Director Ejecutivo de la Dirección Ejecutiva del Comité contra el Terrorismo, espera con interés el "Estudio sobre la aplicación de la resolución 1373 (2001) a nivel mundial" y *pide* al Comité contra el Terrorismo que presente un informe anual sobre la aplicación de la presente resolución, con sus observaciones y recomendaciones;

9. *Pide* al Comité contra el Terrorismo que, además de presentar el informe solicitado en el párrafo 8, le informe oralmente, por intermedio de su Presidente y como mínimo cada 180 días, sobre su labor general y la de su Dirección Ejecutiva y, si corresponde, lo haga conjuntamente con la presentación de los informes de los Presidentes del Comité establecido en virtud de la resolución 1267 (1999) y del Comité establecido en virtud de la resolución 1540 (2004), y *alienta* la celebración de reuniones informativas oficiosas para todos los Estados Miembros interesados;

10. *Reitera* la necesidad de mejorar la cooperación actual entre el Comité contra el Terrorismo, el Comité establecido en virtud de la resolución 1267 (1999) y el Comité establecido en virtud de la resolución 1540 (2004), así como entre sus respectivos grupos de expertos, incluso mediante, cuando corresponda, un intercambio más activo de información, visitas coordinadas a los países y asistencia técnica y con respecto a otras cuestiones que incumban a los tres comités, y *expresa su intención* de brindar orientación a los comités sobre asuntos de interés común para coordinar mejor las actividades de lucha contra el terrorismo;

11. *Acoge con agrado* y *subraya* la importancia de que la Dirección Ejecutiva del Comité contra el Terrorismo esté lista para participar intensivamente en todas las actividades que se emprendan con arreglo a la Estrategia global de las Naciones Unidas contra el terrorismo y brindarles apoyo, incluso en el marco del Equipo Especial sobre la ejecución de la lucha contra el terrorismo, creado para asegurar la coordinación y coherencia generales de las actividades de lucha contra el terrorismo en el sistema de las Naciones Unidas.

Consejos sobre la elección de palabras

La palabra clave más común y neutral que se utiliza para comenzar una cláusula operativa es *"Solicita"*. Este término se emplea típicamente cuando una resolución pide al Secretario General que realice alguna acción.

Cuando una resolución de la AG incluye una cláusula operativa que solicita al CS realizar alguna acción, debe mantenerse un tono cortés; por lo tanto, es recomendable utilizar las palabras clave *"Recomienda"* o *"Invita"*.

A veces, los redactores de una resolución desean comenzar una cláusula con una palabra que contenga más emoción. Por ejemplo, *"Requiere"* es más fuerte que *"Solicita"*, e *"Insta"* se considera aún más fuerte. *"Exige"* expresa el nivel más alto de emoción, pero rara vez se usa.

Claves para redactar resoluciones con éxito

En los primeros días de la ONU, todos los borradores de resolución se sometían a votación. Ahora cada borrador de resolución se discute de antemano en consultas informales, donde parte del lenguaje se sacrifica en un espíritu de compromiso.

Una clave para la redacción exitosa de propuestas orales y/o borradores de resolución es consultar ampliamente para conocer las preocupaciones de otros antes de escribir, y luego incorporar estas en tu borrador para reclutar patrocinadores y desarmar opositores. Cuando tu borrador de resolución esté escrito, deberías nuevamente consultar ampliamente y estar listo para modificarlo en respuesta a las preocupaciones de otras delegaciones. Este proceso frecuentemente asegura la aceptación del borrador cuando se presenta al comité para su decisión. Como mínimo, cualquier punto de desacuerdo serio habrá sido identificado y aislado.

Lista de verificación

Antes de presentar un borrador de resolución, asegúrate de que:

- Tu delegación esté de acuerdo en que el borrador de resolución está listo para ser presentado.
- Tu resolución cuente con el apoyo de otras delegaciones. Esto incluye no solo a aquellas con las que usualmente te asocias, sino también a otras que apoyen el enfoque de la resolución. Necesitas conocer las posibilidades de éxito de la resolución antes de presentarla.
- Las delegaciones a las que deseas invitar como copatrocinadoras hayan sido consultadas durante todo el proceso, estén conformes con el texto final y estén dispuestas a copatrocinarlo.
- Tengas confianza en la redacción de la resolución. Esto se relaciona tanto con su contenido como con la forma en que está expresada. Si

no tienes dominio del inglés, deberías consultar con alguien que lo tenga.

- Hayas presentado tu borrador de resolución al Secretario del Modelo ONU o a la Mesa del comité con anticipación para que puedan distribuir el texto a todas las delegaciones antes de que se presente la resolución.

Revisión del Texto después de Presentarlo

En el caso de textos extensos con numerosas propuestas de enmiendas, el comité (o la plenaria), bajo la dirección del Presidente, llevará a cabo lecturas sucesivas del texto. El Presidente invitará al comité a centrarse en el primer párrafo (o, si se espera que el texto sea conflictivo, en la primera oración). Si no hay propuestas de enmienda, ese pasaje se considerará provisionalmente acordado. Luego, el Presidente invitará al comité a considerar el siguiente pasaje. Si se proponen enmiendas, estas serán discutidas y, si hay acuerdo, la redacción modificada se incorporará al texto. Este nuevo texto formará parte del borrador provisionalmente acordado.

Si, por otro lado, el comité no logra llegar a un acuerdo sobre la enmienda propuesta en un tiempo razonable, las palabras en disputa se colocarán entre corchetes y el comité procederá al siguiente pasaje.

Al finalizar la primera lectura, el texto consistirá en pasajes provisionalmente acordados y palabras o pasajes entre corchetes. Cada conjunto de corchetes puede incluir una sola palabra, varias palabras o palabras o frases alternativas separadas por una barra (/). Esto significa que algunos miembros del comité prefieren una opción, mientras que otros prefieren la alternativa.

Poco después de completar la primera lectura (si bien a veces después de permitir tiempo para consultas informales), el Presidente invitará al comité a proceder a una segunda lectura del texto. Esta vez, el comité no reexaminará el texto provisionalmente acordado. En su lugar, procederá al primer conjunto de corchetes y el Presidente buscará nuevas ideas sobre su contenido. A menudo, este es el caso porque los delegados que tenían objeciones han:

- Visto cómo se está desarrollando todo el texto y, en consecuencia, ya no tienen problemas con la(s) palabra(s) entre corchetes.
- Reflexionado más sobre el asunto (en algunos casos después de discutir el tema con otras delegaciones de manera informal y/o consultar con sus respectivas sedes) y han llegado a la conclusión de que no desean mantener su objeción.
- Celebrado consultas con otras delegaciones interesadas que culminaron en un acuerdo informal para cambiar la(s) palabra(s) en cuestión.

Si el comité puede aceptar la(s) palabra(s) en cuestión, o palabra(s) diferentes, los corchetes se eliminarán y el texto acordado se convertirá en parte del conjunto provisionalmente acordado. Este proceso se conoce informalmente como "eliminar corchetes". Si, por el contrario, no se puede llegar a un acuerdo, las palabras en disputa permanecerán entre corchetes. En cualquier caso, el Presidente invitará al comité a proceder al siguiente conjunto de corchetes e intentará nuevamente llegar a un acuerdo. Este proceso continuará hasta concluir la segunda lectura, con el resultado de que el texto esté completamente acordado o se haya avanzado sustancialmente hacia un acuerdo.

Posteriormente, una tercera y cualquier lectura sucesiva se llevarán a cabo de la misma manera hasta que el texto sea aprobado. Un texto que pasa por varias lecturas puede denominarse un *"texto en evolución"*.

El texto provisionalmente acordado es "provisional" en el sentido de que todos entienden que, en muchos casos, los delegados no pueden aprobar definitivamente textos parciales. Necesitan ver el conjunto completo antes de saber si alguna de las partes es aceptable.

Durante las consultas, el facilitador o el patrocinador de un borrador de resolución puede circular textos de compilación que reflejen la evolución de las negociaciones y las diferentes posiciones de los Estados Miembros en detalle. Después de cada ronda de negociaciones, se compilan revisiones del texto.

Esta ejemplificación muestra los elementos estándar para textos de compilación. *Cabe señalar que el ejemplo aquí es ficticio:*

Texto de Compilación del 21 de octubre de 2016 (Rev. 3)
La Asamblea General,

PP1 *Reafirmando* sus resoluciones previas relacionadas con el tema del chocolate, incluidas las resoluciones 46/77 de 12 de diciembre de 1991 y 63/309 de 14 de septiembre de 2009;

PP2 *Reconociendo* el papel de la Asamblea General en abordar el tema del chocolate, de conformidad con la Carta de las Naciones Unidas;

PP2 (Alt) *Reconociendo* también la necesidad de seguir fortaleciendo el papel, la autoridad, la efectividad y la eficiencia de la Asamblea General; [Propuesto: Liechtenstein]

OP1 *Toma nota* del informe del Secretario General sobre "Chocolate para Todos";

OP2 *Expresa* su apoyo a la promoción **activa** y en curso **[reemplazar: UE]** del chocolate suizo **[Eliminar: UE, G-77]** para el bienestar físico **y mental [Agregar: ROK]** de las personas;

OP3 *Requiere* al Secretario General a integrar el uso del chocolate proporcionando chocolate en todas las reuniones como una herramienta para aumentar la felicidad en todo el sistema de las Naciones Unidas y sus actividades operativas;

OP3 (bis) *Reconoce* la contribución positiva del aumento en el consumo de chocolate a la economía de los agricultores de cacao en países en desarrollo; [Propuesto: G-77 / Apoyo: México]

OP4 *Alienta* a los Estados Miembros a promover el consumo del chocolate; **[Comentarios: EE. UU., JPN, CANZ responderán sobre el párrafo después de consultar con el Ministerio de Salud]**

OP5 *Decide* declarar 2020 como el Año Internacional del Chocolate; (**acordado ad ref**)

OP6 *Solicita* al Secretario General que presente un informe sobre la implementación de la presente resolución, incluidas recomendaciones para futuras acciones, en el 84° período de sesiones de la AG. **(acordado)**

Terminología

"Colocar texto entre corchetes" o "poner corchetes a un texto" indica que el texto aún no está acordado.

"Eliminar corchetes" indica la necesidad de trabajar más para llegar a un acuerdo sobre las palabras o pasajes en disputa.

"Un texto limpio" es uno sin corchetes que sea aceptable para todos los que participaron en su redacción. Sin embargo, existe una fuerte convención en contra de reiniciar la discusión sobre cualquier parte del texto provisionalmente acordado, ya que esto puede llevar fácilmente a negociaciones prolongadas. Sin embargo, "todas las conferencias son soberanas". Esto significa que, si los delegados están de acuerdo en que existe una buena razón, un comité puede decidir reconsiderar parte del texto provisionalmente acordado. Es poco probable que se acepte tal reconsideración a menos que la propuesta sea aceptable para todos los delegados.

Consejos para las Conferencias del Modelo ONU

La revisión de borradores de resoluciones y la consideración de enmiendas consume mucho tiempo durante una conferencia. Además, suele ser el momento en el que se invocan con frecuencia las Normas de Procedimiento, lo que ralentiza aún más el proceso de acción sobre un borrador de resolución.

Para reducir el tiempo necesario para tratar los puntos de la agenda en una conferencia del Modelo ONU típica, se pueden tomar las siguientes medidas:

- Reducir o limitar la cantidad de resoluciones presentadas para un punto en particular.
- Asegurarse de que los patrocinadores de un borrador de resolución consulten con otras delegaciones para garantizar un amplio respaldo, incluyendo tanto aliados habituales como otros que apoyen la

propuesta. Es fundamental que los patrocinadores evalúen las posibilidades de éxito de la resolución antes de presentarla.

- Revisar línea por línea el texto de la resolución. En muchas conferencias del Modelo ONU, las enmiendas se realizan de forma aleatoria en lugar de mediante una revisión sistemática del documento. Seguir un método más riguroso, como el mencionado anteriormente, puede ayudar a identificar los puntos de desacuerdo entre los delegados y permitir más tiempo para consultas informales que resuelvan dichas diferencias.

NEGOCIACIÓN

Uno de los aspectos más importantes de participar en una conferencia internacional es desarrollar la habilidad de negociar.

Negociar es el arte de llegar a acuerdos. El objetivo principal es garantizar que los otros participantes tengan incentivos suficientes para aceptar un resultado que sirva a tus objetivos.

La única forma de alcanzar los objetivos de tu delegación en una negociación es lograr un acuerdo con otras delegaciones. Negociar no es fácil y, como otras actividades complejas, requiere preparación. Los negociadores exitosos planifican antes de negociar.

Negociación competitiva frente a resolución cooperativa de problemas

Uno de los mayores desafíos de negociar es que existen dos enfoques diferentes que requieren estrategias opuestas: la negociación competitiva y la resolución cooperativa de problemas. A continuación, se ofrece una visión general de ambos enfoques y se explica por qué solo uno de ellos es adecuado para las conferencias internacionales.

Negociación competitiva

Históricamente, la palabra *negociación* significa "negocios" y la negociación desempeña un papel clave en las transacciones comerciales.

La forma más básica de negociación en una conferencia internacional se asemeja a las negociaciones comerciales rudimentarias. Por ejemplo, cuando alguien intenta comprar o vender un auto usado, el único punto en discusión es el precio. En ese caso, el comprador quiere pagar lo menos posible, mientras que el vendedor quiere recibir lo máximo posible. Una ganancia para una parte implica una pérdida igual para la otra. Este tipo de negociación, a menudo llamada "negociación competitiva", ha sido ampliamente estudiada por comerciantes a lo largo de los siglos y, más recientemente, en escuelas de negocios.

Es probable que ya comprendas esta forma de negociar. Su característica esencial es que cada parte recibe algo que considera aceptable como resultado de la negociación. En pocas palabras, las partes recibirían partes iguales. Sin embargo, los temas en las conferencias internacionales suelen ser demasiado complejos para ese enfoque, y las necesidades y capacidades de las naciones involucradas son demasiado diversas para un equilibrio simple. En cambio, a nivel internacional, el balance se encuentra entre concesiones, en las que no solo difieren las cantidades, sino también la naturaleza de lo que cada parte recibe.

Cada parte se enfoca principalmente en maximizar sus propias ganancias y minimizar los costos para sí misma.

De este enfoque surgen principios tácticos importantes:

- Pedir más de lo que esperas conseguir. Piensa en algunos de los puntos solicitados como "monedas de negociación" que puedes ceder para lograr tu objetivo. También puedes asumir que la otra parte no espera conseguir todo lo que pide y que algunas de sus demandas son solo moneda de cambio.
- Incluso podrías comenzar pidiendo cosas que no esperas obtener realmente, pero a las que sabes que otras partes se opondrán firmemente. Al hacerlo, puedes esperar que las otras partes hagan concesiones para que retires esas demandas.
- Siempre oculta lo mínimo que estés dispuesto a aceptar. Dado que el objetivo de la otra parte es conceder lo menos posible, obtendrás más si no se sabe cuánto es lo mínimo aceptable para ti.
- Toma rápido y cede tarde. Los negociadores suelen infravalorar lo acordado al inicio del proceso de negociación y tienden a sobrevalorar lo conseguido hacia el final.
- A medida que la negociación avanza, es fundamental gestionar con cuidado la "tasa de concesiones". Si "concedes" demasiado lento, la otra parte podría desanimarse y perder interés en llegar a un acuerdo. Por otro lado, si "concedes" demasiado rápido, podrías terminar entregando más de lo necesario.
- Se considera que los puntos en debate tienen el mismo valor para ambas partes, aunque rara vez es así.

Este enfoque competitivo puede generar un espíritu competitivo o incluso combativo que considera las pérdidas de la contraparte como ganancias propias. **Estas actitudes resultan perjudiciales para las relaciones internacionales y para las perspectivas de cooperación y tolerancia mutua.**

Resolución Cooperativa de Problemas

Es un estilo completamente diferente de negociación, más común en las conferencias internacionales que la "negociación competitiva", y es ampliamente considerado más productivo y apropiado para las relaciones entre representantes de Estados soberanos. Este estilo de negociación parte de la premisa de que ambas partes tienen un interés mutuo en llegar a un acuerdo y, por lo tanto, en formular propuestas que sean aceptables para la otra parte. En otras palabras, el éxito de una parte también depende de la satisfacción de la otra.

Lograr tu objetivo requiere trabajar para que la otra parte (o partes) también alcance sus objetivos, siempre que este esfuerzo sea compatible con tus intereses. Esto también aplica a tu contraparte: les interesa satisfacer tus intereses en la mayor medida posible. Así, la negociación se convierte en un esfuerzo cooperativo para encontrar un resultado que sea atractivo para todas las partes.

Para triunfar en este tipo de negociación, se aplican principios contrarios a los que rigen en la "negociación competitiva", tales como:

- Es importante no pedir concesiones a la otra parte que sepas que son imposibles para ellos. Si lo haces, tendrán dificultades para creer que realmente estás trabajando por un acuerdo.
- Es de tu interés que la otra parte entienda tu posición. De hecho, quizá incluso deban conocer lo mínimo que estás dispuesto a aceptar. Si comprenden qué tan cerca están de ese mínimo en un punto, también entenderán la necesidad de incluir otros elementos que valoras para motivarte a aceptar el acuerdo.
- En ocasiones, es de tu interés "ceder" mucho a la otra parte temprano en el proceso de negociación. Esto puede darles un fuerte incentivo para concluir la negociación, y por lo tanto, "darte" lo que necesitas para alcanzar un acuerdo.
- La "tasa de concesiones" puede no ser importante.
- Hay un valor especial en entender que los mismos puntos tienen diferentes valores para los distintos negociadores. También es clave encontrar puntos adicionales con los que puedas satisfacer a la otra parte.

Características de Propuestas Exitosas

La herramienta más efectiva en las conferencias internacionales es la empatía hacia otras delegaciones, adquirida principalmente a través de consultas informales. La empatía permite desarrollar propuestas atractivas para una gran mayoría de los participantes de la conferencia. También facilita liderar mediante la calidad de la idea.

Es posible que otros delegados tengan solo un interés moderado en tu país y sus preocupaciones. Sin embargo, una propuesta que abarque también sus inquietudes puede generar una coalición más amplia de naciones dispuestas a apoyar lo que deseas lograr.

Considera las siguientes dos afirmaciones:

- El libre comercio en agricultura sería beneficioso para los agricultores del país X.
- El libre comercio en agricultura sería beneficioso para todos los exportadores agrícolas y para los consumidores en países importadores de alimentos.

La primera afirmación resulta menos atractiva para una audiencia internacional que la segunda. Ambas dejan claro que la delegación del país X apoya un comercio agrícola más libre, pero la segunda explica por qué muchos otros también deberían respaldarlo.

Asimismo, los principios y precedentes pueden ser consideraciones muy importantes, especialmente aquellos ampliamente conocidos y respetados por aquellos a quienes intentas persuadir para que respalden el resultado que buscas.

En preparación para las conferencias del Modelo ONU, los delegados pueden aprender sobre principios y precedentes relevantes al estudiar registros de discursos de delegaciones reales en reuniones de la AG o el CS sobre los temas de la agenda.

Si una propuesta es clara y está inteligentemente expresada, y si refleja los deseos de tantas delegaciones como sea posible, estará bien encaminada hacia su aceptación. El desafío radica en desarrollar una propuesta, o asegurarse de que se desarrolle una, que cumpla con estos requisitos y refleje tus intereses.

Como mencionamos anteriormente, cada negociación puede entenderse como una búsqueda de solución a un problema que surge de los diferentes objetivos y ambiciones de las delegaciones. La solución no consiste en irritarse o intentar presionar individualmente a los delegados, sino en encontrar una formulación que sea aceptable para todos.

Una propuesta tendrá atractivo general si a todas las delegaciones les gusta. Sin embargo, también podría ser aceptada si a algunas les gusta y ninguna se opone en particular. Incluso puede prosperar si a algunas les gusta mientras que a otras, aunque no les entusiasme, consideran que les otorga suficiente o que es lo mejor que pueden esperar. Algunas delegaciones pueden decidir que, aunque no les agrade la propuesta, existen razones para no presionar ni expresar su oposición. En otras palabras, una propuesta aceptable en general puede ocultar un amplio espectro de actitudes, pero la mayoría debe ser positiva.

El texto ganador surgirá de aquello con lo que todos puedan estar de acuerdo y que impulse los objetivos de cada parte en la mayor medida posible, pese a las diferencias en puntos de vista y objetivos.

Los negociadores solo aceptarán un resultado que consideren aceptable. Estarán más dispuestos a acordar si perciben que el resultado impulsa sus objetivos. Esto implica que te interesa que el resultado también impulse los objetivos de la otra parte (o partes), así como los tuyos. En tu propio interés, debes trabajar para impulsar los objetivos del otro lado, siempre que no sea incompatible con lograr los tuyos.

Esto no se trata de generosidad o buena voluntad. Es una forma de dar a la otra parte o partes un incentivo para aceptar un resultado que sirva a tus objetivos.

Argumento Lógico

La razón es la línea de argumentación más efectiva y ampliamente utilizada en las conferencias internacionales.

Los argumentos más persuasivos son aquellos que parecen razonables desde la perspectiva de las personas que intentas convencer. De hecho, toda tu línea argumentativa será vista positivamente si se desarrolla desde su perspectiva. Como mínimo, no debes hablar desde tu propia perspectiva, sino desde una general.

Impulso

Esta idea está estrechamente relacionada con el concepto de impulso.

A medida que avanzan las negociaciones, es común que una solución particular o un enfoque para una solución gane apoyo. Más y más delegaciones comienzan a esperar que esta sea la solución en la que la conferencia alcanzará un acuerdo. En otras palabras, sus expectativas se concentran en esta solución, descartando otras, y se enfocan en cómo ajustarla para que sea aceptable. Así, la conferencia parece ganar impulso hacia esta solución.

La analogía más común es con una bola de nieve que, al rodar por una pendiente, crece en tamaño y fuerza. Una solución así puede volverse irresistible.

Creatividad

Todas las aproximaciones discutidas aquí se benefician enormemente de negociadores capaces de aportar una nueva perspectiva a los problemas que dividen una conferencia y de ver oportunidades en las mismas diferencias entre los objetivos de las delegaciones y los valores que asignan a diferentes factores.

Puede ser de gran ayuda contar con un conocimiento profundo, ya sea adquirido por experiencia o mediante lectura, de las soluciones que han funcionado en otras negociaciones, junto con la capacidad de adaptarlas a la situación actual.

Los acuerdos, incluidas las posiciones negociadas, a veces son criticados por ser el mínimo común denominador o simplemente lo que los delegados pudieron aceptar. Aunque pueden parecer menos ambiciosos que otros posibles acuerdos, a menudo representan aquello a lo que ningún participante se opone. Winston Churchill una vez criticó a sus jefes militares por dar consejos que reflejaban "la suma de todos sus miedos". Identificar este mínimo común denominador puede ser útil, pero debe tratarse como la base para diseñar un acuerdo de mayor valor para todos los participantes.

Fundamentos de la Negociación

Los órganos de la ONU como la AG y el CS en los que se enfoca esta publicación, toman decisiones sobre una amplia variedad de temas. Las deliberaciones en ambos cuerpos solo avanzan y producen resultados si hay acuerdo entre los Estados miembros. A veces, este acuerdo se logra por consenso, y otras veces, por mayoría de votos. Aquí nos ocupamos del proceso que conduce a una decisión en una conferencia: la negociación.

Propósito de la Negociación

La negociación es una práctica bien conocida y aplicada en todos los campos de la actividad humana. Es una forma de resolver disputas sin recurrir a enfrentamientos, de tomar decisiones conjuntas cuando quienes toman las decisiones tienen puntos de vista diferentes, o de alcanzar tus propios objetivos a pesar de que otros participantes tengan objetivos distintos.

Esto significa que la negociación es una forma de manejar el desacuerdo, los puntos de vista variados y los objetivos diferentes. En resumen, es una manera de lidiar con el conflicto.

Sin embargo, solo se pueden abordar conflictos en casos en los que las partes sienten que tienen intereses comunes. Si no creyeran que tienen intereses comunes, podrían limitarse a gritarse (de manera improductiva) o simplemente ignorarse, ya que no estarían interesados en buscar un acuerdo.

La negociación consiste en encontrar una forma de llegar a un acuerdo. Cuando se logra un acuerdo, se resuelve una disputa y se toma una decisión conjunta.

Algunos individuos o gobiernos muestran reticencia a involucrarse en negociaciones porque temen verse forzados a aceptar resultados que consideren perjudiciales para sus intereses. Tales temores provienen de un malentendido del proceso de negociación. El objetivo, y el único resultado con el que cualquier delegación debería estar de acuerdo, es una mejora, desde su propio punto de vista, de la situación que enfrentan antes de que comiencen las negociaciones (o, en otras palabras, una mejora sobre la alternativa a un acuerdo). Esto a menudo no alcanza el ideal o el resultado preferido de una delegación; pero la consideración decisiva debería ser que, a pesar de todo, representa una mejora en comparación con la situación que se enfrentaría sin negociación, generalmente porque involucra a otros gobiernos tomando acciones que se consideran útiles para los intereses propios. Además, no es raro que un resultado negociado incluya algunos elementos que se consideran negativos (es decir, que algunos de los intereses propios se vean perjudicados). Esto puede ser aceptable si forman parte de un paquete que, en general, tú consideras una mejora.

La palabra *"compromiso"* (y su traducción en otros idiomas) puede tener connotaciones muy negativas en el lenguaje cotidiano. Comprometerse, o poner en riesgo los principios o los intereses de tu nación, obviamente sería algo negativo. Pero, en el contexto de la negociación internacional, la palabra significa "reducir tus ambiciones inmediatas para acomodar las preocupaciones de otras partes, en la medida necesaria, para lograr un resultado que consideres una mejora". En este sentido, el "compromiso" te beneficia tanto a ti como a las otras partes. Los negociadores en las conferencias suelen hablar del "espíritu de compromiso" en términos que indican que se refieren a algo positivo, deseable y admirable, no a una rendición absoluta y deshonrosa.

El Poder de las Negociaciones

Existe una creencia generalizada entre quienes conocen poco sobre las conferencias internacionales de que los delegados que representan a los Estados más poderosos pueden imponer sus deseos. Sin embargo, el poder militar, económico o cultural no se traduce directamente en la capacidad de imponer la voluntad propia en una conferencia internacional. La realidad es mucho más compleja. El verdadero poder en las conferencias internacionales radica en una combinación de los siguientes factores:

- Que tu propuesta sea atractiva para otras delegaciones.
- Cuán dispuestos están otros gobiernos a alinearse con los deseos de tu gobierno debido a relaciones bilaterales.
- El nivel de comprensión que tenga tu delegación sobre los temas tratados en la conferencia y las actitudes de otras delegaciones hacia ellos.
- La actividad y esfuerzo con los que tu delegación trabaje.
- La capacidad de tu delegación para mostrar flexibilidad al atender las preocupaciones de otros.
- La creatividad de tu delegación para elaborar propuestas atractivas para muchas otras delegaciones.
- La claridad de tu delegación respecto a los objetivos que desea alcanzar y su determinación para lograrlos.

Sería ingenuo pensar que el poder relativo de los gobiernos desaparece cuando sus delegados entran en la sala de conferencias. Una delegación de un país grande y poderoso tiene ventajas claras sobre las de un país más pequeño y menos influyente. El valor que otros gobiernos asignan a su relación bilateral con el país poderoso predispone a sus delegaciones a cumplir los deseos de la delegación del país influyente. Los gobiernos de las naciones poderosas también están mejor posicionados para preparar a sus delegados y dotarlos de individuos capacitados y adecuados. Pueden enviar delegaciones numerosas. Sin embargo, en ocasiones, los países más pequeños y en desarrollo también logran preparar bien a sus delegaciones y estar representados por personas altamente competentes. Finalmente, el poder del país que la delegación representa no es el factor predominante para la mayoría de los puntos mencionados anteriormente.

En resumen, si bien las relaciones de poder entre naciones son relevantes en una sala de conferencias, están lejos de ser toda la historia. Los gobiernos menos poderosos a menudo están mejor posicionados en el contexto de una conferencia para alcanzar sus objetivos que en negociaciones bilaterales. También es importante recordar que los temas sobre los que los objetivos de diferentes gobiernos están fuertemente enfrentados son los más difíciles de manejar y acordar en las conferencias. Por el contrario, cuando los gobiernos, tanto de países poderosos como de países menos poderosos, tienen objetivos que pueden reconciliarse, las conferencias tienen un buen marco para producir resultados aceptables para todos. Por ello, los temas que se remiten a las conferencias suelen ser aquellos sobre los que los intereses de los participantes pueden acomodarse mutuamente. Las luchas de poder no suelen ser el eje central de muchas conferencias ni son relevantes para los resultados que producen.

Liderando delegaciones

Normalmente, en cualquier tema que surja para negociación en una conferencia internacional, muchas delegaciones no sienten la necesidad de adoptar una posición particularmente firme. Esto puede deberse a que la cuestión no parece tener un gran impacto sobre ellas, o no perciben mucho beneficio en esforzarse, o, como sucede a menudo, porque lo propuesto parece deseable o al menos aceptable. Sin embargo, hay delegaciones que desean influir fuertemente en la decisión de la conferencia sobre el tema y, en algunos casos, pueden tener deseos mutuamente opuestos.

Estas delegaciones, que aspiran a influir en el resultado y, en particular, aquellas con ambiciones opuestas, se convierten en los líderes y motores de la negociación. Cada una de estas delegaciones solo puede lograr sus objetivos (en tanto estos dependan del resultado de la conferencia) al asegurar el acuerdo de la conferencia. Tendrán más éxito si intentan resolver el tema juntas y si buscan atender las metas de los demás. Aún mejor les irá si involucran a otras delegaciones en las consultas, porque puede ser una de las delegaciones menos involucradas la que encuentre la solución aceptable para todos. Las delegaciones que mejor acomoden las preocupaciones diversas son las "delegaciones líderes", ya que otros las seguirán.

La interdependencia de los negociadores

Mientras no busquen sabotear una conferencia, los negociadores comparten importantes intereses comunes.

En una conferencia internacional, las negociaciones exitosas suelen adoptar la forma de un esfuerzo conjunto por alcanzar el máximo posible de los objetivos de cada parte, a pesar de las diferencias o incluso de los conflictos de intereses. Por el contrario, cuando los participantes pierden de vista este factor, las negociaciones rara vez resultan productivas.

Reconocer la interdependencia mutua entre los negociadores es la base de las estrategias exitosas en las conferencias multilaterales. Es evidente que, cuanto más identifiquen y valoren los negociadores sus intereses y objetivos comunes, mayor será la probabilidad de que la negociación sea cooperativa y concluya con un acuerdo. A la inversa, cuanto más se perciban divergencias en los intereses y objetivos, más probable será que los conflictos dominen el proceso de negociación, dificultando alcanzar un acuerdo.

El entorno de la conferencia

De la misma manera que una sala llena de personas confundidas y enojadas tiene pocas probabilidades de llegar a un acuerdo, el escenario opuesto sería un entorno propicio para alcanzar consensos.

Por lo tanto, resulta crucial para el PAG, los presidentes de las comisiones, así como otros funcionarios del Comité General y las Mesas directivas, y todos los que desean el éxito de la conferencia, garantizar que el ambiente y el estado de ánimo de la conferencia sean lo más positivos posibles.

Esto incluye aspectos físicos como la temperatura, la ventilación, el acceso a alimentos y bebidas, y todos los demás factores que afectan la comodidad de los delegados. Las conferencias, al igual que las multitudes y los individuos, tienen temperamentos y emociones. Pueden mostrarse optimistas, esperanzadas y cooperativas, animadas por un fuerte deseo de alcanzar acuerdos. También pueden adquirir un sentido de impulso que las lleva en una dirección específica. Por el contrario, pueden caer en la desesperanza, la irritación o el agotamiento. Las emociones colectivas importan.

Los negociadores exitosos son conscientes de estos factores, se adaptan a ellos y hacen todo lo posible por crear un ambiente que facilite los acuerdos.

El tiempo y el momento son cruciales. Un negociador eficaz debe tener un buen sentido de cuánto tiempo necesitarán las delegaciones para consultar entre ellas, para que las ideas maduren y se analicen y para que tanto las delegaciones individuales como la conferencia en su conjunto lleguen al punto de estar listas para tomar una decisión. El negociador eficaz también debe saber en qué momento es adecuado acercarse a otro delegado, intervenir o proponer algo. En ocasiones, se puede recurrir deliberadamente a un grado de incomodidad para presionar a los delegados hacia un acuerdo, pero esta estrategia delicada debe dejarse en manos de quienes saben cómo usarla.

Facilitar las consultas

Un delegado puede iniciar consultas simplemente acercándose a otros delegados e iniciando una conversación.

Los líderes de las delegaciones organizan reuniones con sus homólogos en momentos seleccionados, ya sea durante un almuerzo, una reunión u otro espacio, o con la ayuda de un facilitador designado para lograr el consenso. También asumen como parte de su función garantizar que la delegación en su conjunto lleve a cabo todas las consultas necesarias. Una de las primeras tareas esenciales de una delegación es la planificación de las consultas, incluida la asignación de responsabilidades entre los miembros de la delegación. Asegurarse de que las consultas se llevan a cabo y de que los resultados se difunden por toda la delegación es un aspecto continuo de la gestión eficaz de una delegación.

En las conferencias de la ONU, los organizadores suelen invitar a los delegados a reuniones previas para que puedan iniciar consultas informales antes de que comience la conferencia. Una vez iniciada la conferencia, los organizadores a menudo organizan eventos sociales, incluyendo recorridos y excursiones, que brindan excelentes oportunidades para que los delegados se reúnan y participen en consultas en un entorno claramente informal.

Los encargados de gestionar la conferencia comprenden la importancia de las consultas informales y, por lo tanto, consideran parte de su labor garantizar que haya suficiente tiempo para que estas consultas se lleven a cabo. En particular, entienden que las delegaciones necesitan tiempo para conocerse, asimilar por completo una propuesta y luego actuar en consecuencia.

Preparación

Prioridades

Cada delegación tendrá muchos objetivos que querrá alcanzar. Por lo tanto, una parte importante de la preparación para una conferencia es tener claridad sobre cuáles son esos objetivos y clasificarlos por orden de importancia.

Hacer una lista de prioridades puede ayudar a guiar las negociaciones. En la parte superior de la lista deben estar aquellos objetivos imprescindibles, seguidos, en orden de importancia, por los objetivos a perseguir que no tienen la misma fuerza imperativa. Las clasificaciones de prioridades son una herramienta para decidir cuáles de tus objetivos merecen más esfuerzo y cuáles pueden sacrificarse, si es necesario.

Aquí tienes una lista de preguntas para ayudar a aclarar tus objetivos:

- ¿Cuáles son las cuestiones que se decidirán en la conferencia?

- ¿Cuáles son las opiniones y objetivos de otras delegaciones?
- ¿Cuáles son mis objetivos fundamentales?
- ¿Cómo podrían alcanzarse?
- ¿Cuánta flexibilidad tengo?

Información De Referencia

Otro componente importante de la preparación es estar bien informado, tanto sobre los temas que se negociarán, como sobre las posturas de los países que estarán representados en la conferencia.

En las reuniones de la ONU, los delegados cuentan con credenciales que les permiten representar las opiniones de sus respectivos gobiernos. Por ende, suelen tener una serie de instrucciones de sus capitales sobre cuáles son sus prioridades y objetivos. En las conferencias del Modelo ONU, los delegados están desempeñando estos roles y la única información que tienen disponible son las declaraciones y discursos ofrecidos por representantes oficiales en reuniones previas, que les ayudan a deducir cuáles podrían ser sus prioridades y objetivos.

Además, es igualmente importante conocer las opiniones de las otras delegaciones que asisten a la conferencia. Este conocimiento permitirá a los delegados identificar posibles obstáculos en el camino hacia un resultado mutuamente aceptable que impulse sus propios objetivos. Luego, los delegados pueden pensar en posibles maneras de superar o rodear esos obstáculos. El paso final es poner a prueba tus propias evaluaciones consultando ampliamente para asegurarte de que otros entiendan la solución identificada y se los pueda convencer de que estén de acuerdo con ella.

El proceso de negociación

La única manera de alcanzar los objetivos de una delegación a través de la negociación es llegar a un acuerdo con las otras delegaciones. Esta sección se centra en estrategias y tácticas para llegar a un acuerdo sobre el texto de una resolución.

Un proceso recurrente

La mayoría de las negociaciones en conferencias internacionales son textuales: decidir las palabras exactas que adoptará la conferencia. El proceso consiste en reducir un amplio rango de respuestas o formulaciones posibles a una que la conferencia pueda aceptar. Este rango no es infinito: excluye aquellas formulaciones que no son aceptables para ninguno de los participantes. Estas delimitan el "área de un posible acuerdo".

Identificar esta solución es un proceso iterativo o recurrente que comienza con una discusión exploratoria, de modo que todos estén al tanto de las preocupaciones y preferencias de los demás. La discusión (usualmente llamada debate en una conferencia) gradualmente se centra en estrechar el área de un posible acuerdo y, finalmente, en la formulación de propuestas específicas. Estas propuestas se discuten informalmente y se convierten en el tema de negociaciones informales.

En esta etapa, los borradores de propuestas que se han presentado son revisados línea por línea en una reunión informal dirigida por un facilitador. Esto ayuda a identificar dónde hay un acuerdo y dónde las delegaciones desean modificar el texto del borrador original. Pueden realizarse varias revisiones hasta que se llegue a un acuerdo. En los casos donde no se puede alcanzar un consenso sobre la redacción de un borrador, el presidente puede intervenir para ayudar a las delegaciones a lograrlo. Si esto no tiene éxito, una delegación puede solicitar que el Comité vote sobre el borrador para decidir su destino.

El proceso es una progresión hacia un resultado. Por eso el concepto de impulso es pertinente e importante para los negociadores que buscan un resultado. Las conferencias pueden perder impulso, estancarse o incluso paralizarse. Algunas negociaciones vuelven a puntos que previamente se consideraban resueltos, reabriendo el debate y/o la negociación. Posteriormente, la conferencia debe reanudar sus actividades si desea llegar a un resultado.

Incorporar tus propuestas al texto

La presentación formal de propuestas específicas es de suma importancia; una conferencia solo puede acordar algo que haya sido propuesto. Por lo tanto, si tus intereses no están reflejados en la propuesta presentada formalmente, no estarán reflejados en la decisión. Para impulsar tus objetivos, la propuesta debe contener elementos que vayan al menos parcialmente en dirección a tus metas.

De las secciones anteriores, debería estar claro que hay varias formas de lograr esto:

- Hacer una propuesta uno mismo (solo o en asociación con otras delegaciones).
- Alentar a otra delegación a presentar una propuesta que refleje tus intereses.
- Persuadir a otra delegación para que revise su propuesta, y que esté más acorde con tus intereses.
- Fusionar tu propuesta con la de otra delegación.
- Convencer a la conferencia de enmendar una propuesta presentada por otra delegación para alinearla más con tus intereses.
- A menudo ocurre que otra delegación ya ha realizado alguno de los puntos anteriores, en cuyo caso puedes apoyarla o dejar que haga el trabajo.

Soluciones negociadas y construidas

Existen tres estrategias principales que pueden aplicarse de forma individual, sucesiva o combinada para lograr el consenso:

1. "Dividir" las diferencias, es decir, permitir que la otra parte tenga su preferencia en ciertos aspectos a cambio de que acepten las tuyas en otros puntos.
2. "Ofrecer" algo que valore la otra parte (o partes), para que acepte tus propuestas en los puntos conflictivos.
3. Encontrar una solución creativa que eluda las diferencias o permita que ambas partes alcancen sus objetivos respectivos.

Cualquiera de estas tres soluciones puede implementarse de dos maneras:

- La "solución negociada" en donde las partes con puntos de vista opuestos trabajan juntas (ya sea en el comité completo o en un grupo pequeño que posteriormente reporta al comité completo). Las delegaciones intercambian propuestas y sugieren enmiendas a las propuestas de los demás hasta que se encuentren soluciones aceptables.
- La "solución construida", que puede ser elaborada por el Presidente, un delegado individual o, en ocasiones, un pequeño grupo de delegados que trabajan juntos. Los proponentes de puntos de vista diferentes no participan directamente en la redacción. Sin embargo, la solución construida no tiene ninguna posibilidad de éxito a menos que las preocupaciones de esos proponentes sean bien entendidas y abordadas al máximo por quienes elaboran la propuesta. Para ello, los autores deben realizar consultas amplias y, basándose en estas, desarrollar propuestas que sean aceptables para todos, o al menos para la mayoría de las delegaciones.

De cualquier manera, la solución solo puede surgir si las delegaciones tienen una comprensión concreta de lo que las otras delegaciones desean. Por lo tanto, una parte fundamental para lograr lo que se quiere consiste en comunicar a las demás delegaciones las propias intenciones y preocupaciones. Tanto la transparencia como la difusión activa de información sobre los propios objetivos son pasos importantes para alcanzar esos objetivos.

Eliminar Textos Competitivos

Cuando dos o más textos competitivos se presentan en una conferencia, existen varias estrategias para persuadir a los proponentes de dichos textos a que los retiren:

- Puedes intentar convencerlos de que su propuesta no impulsa realmente sus objetivos, que es innecesaria porque tu propuesta logra lo mismo de manera igual de efectiva o que no será aceptada por la conferencia (o una combinación de estas razones).

- Puedes persuadir a otras delegaciones para que presionen a los proponentes a retirar su texto.
- Si es necesario, puedes presentar una enmienda formal que cambie el significado del texto de otra delegación, provocando que decidan retirarlo.
- Puedes negociar una fusión de las propuestas en un único texto que ambas delegaciones puedan respaldar.

Hay muchas razones por las cuales normalmente resulta beneficioso tener una sola propuesta ante la conferencia. Tal vez la más evidente sea que todo el apoyo destinado a una propuesta competidora se niega automáticamente a la propia. Además, puede haber delegados que respalden una propuesta competidora no por su mérito, sino por quién la promueve. Por el contrario, si tu propuesta cuenta con el apoyo de muchas delegaciones, atraerá aún más apoyo de aquellas que tienden a seguir a la mayoría. Por estas razones, tu posición será más fuerte si no hay competencia. Incluso si una delegación cree que ganará, la división raramente resulta ventajosa. Otras delegaciones (incluyendo la propia) suelen beneficiarse del consenso, y por lo tanto estarán dispuestas a acomodar tus intereses al máximo posible.

Pausa

Cuando surgen conflictos o puntos de vista opuestos durante el curso de una reunión formal, el Presidente o una de las delegaciones puede solicitar que la reunión sea suspendida brevemente. Una pausa en las deliberaciones puede:

- Llamar la atención de todas las delegaciones sobre el tema en cuestión.
- Brindar tiempo para que todas las demás delegaciones, incluyendo la tuya, analicen la situación y consideren el curso de acción futuro.
- Ofrecer tiempo para consultas y discutir posibles estrategias de respuesta.
- Dar tiempo para recolectar más información y/u obtener más apoyo.

Una pausa podría animar a las delegaciones con posturas opuestas a adoptar una actitud más constructiva. Sin embargo, siempre existe el riesgo de que estas delegaciones utilicen el tiempo para reforzar su posición y/o que el retraso deje poco tiempo para resolver el problema.

Dos errores comunes

Existen dos errores que a menudo hacen que las negociaciones fracasen:

- Rechazar un acuerdo que te aporta beneficios porque es menos de lo que esperabas.

- Rechazar un acuerdo que aporta beneficios porque percibes que la otra parte obtiene más beneficios.

Ambos errores derivan de una aplicación equivocada del principio de equidad.

Mediación

En ocasiones, los negociadores recurren a la asistencia de mediadores.

Las características esenciales de los mediadores son:

- No son las partes de la negociación.
- Son aceptados como mediadores por las partes.
- Su papel como mediadores es aceptado por las partes.

Este rol puede incluir una variedad de acciones, tales como:

- Transmitir mensajes entre las partes.
- Proporcionar a cada parte una perspectiva externa sobre su posición y/o sus posibilidades.
- Sugerir posibles soluciones a los problemas que dividen a los negociadores.
- Proponer sus propias soluciones para abordar las diferencias.

En todos los casos, las partes involucradas siguen siendo las que toman la decisión final. Siguen siendo soberanas y responsables: no tienen excusa si el resultado no es aceptable para aquellos a quienes representan.

Cualquier persona puede actuar como mediador si las partes están de acuerdo. El Presidente de la conferencia, por ejemplo, está bien equipado para este papel, ya que posee un conocimiento sin igual de los temas, de las posiciones de las partes y del prestigio de su cargo. Sin embargo, el Presidente podría no tener tiempo suficiente o puede preferir evitar los riesgos asociados. En tales casos, puede designar a un facilitador o “Amigo del presidente” para buscar una solución. A menudo, hay delegaciones que ofrecen sus servicios como mediadores. En algunas ocasiones, alguien que no sea delegado puede aceptar actuar como mediador.

La mediación puede parecer una opción atractiva en diversas situaciones. Por ejemplo, una delegación puede querer usar un mediador si:

- Carece de la empatía, el conocimiento, el tiempo o el interés necesarios para resolver un problema negociando directamente con la otra parte o partes.
- Respeta altamente las habilidades de un mediador en particular y confía en que este tomará en cuenta las preocupaciones de las diferentes delegaciones y el mandato de la conferencia.

- Está dispuesta a hacer ciertas concesiones, pero cree que estas serán mejor aceptadas por sus audiencias domésticas si son recomendadas por un mediador.
- Representa una cultura con un alto grado de respeto hacia la autoridad.
- Siente la necesidad de demostrar una fuerte antipatía hacia una o más delegaciones evitando negociar directamente con ellas.

El Mediador Como Agente de Cambio

En la búsqueda de una solución al problema planteado por varias delegaciones con objetivos diferentes y posiblemente opuestos, los países más poderosos o los grupos de países a menudo consideran que es difícil ser los que propongan una solución. Sus responsabilidades son mayores, y sus sistemas de toma de decisiones suelen ser lentos y complejos. Por otro lado, las delegaciones de algunos países más pequeños pueden ser más ágiles. Estas delegaciones pueden explorar posibilidades más libremente y sin exponer la postura de negociación del poder mayor o grupo importante. Por lo tanto, están mejor posicionadas para formular una solución aceptable para los grandes poderes o grupos mayores. Por ello, a menudo están en condiciones de influir en el resultado de las conferencias y, por lo tanto, de promover sus propios intereses.

Este es otro motivo por el cual la elección del mediador es tan delicada. Un mediador probablemente no tendrá éxito, y por ende no será útil como mediador, si tiene objetivos contrarios a los de alguna de las partes en una negociación en la que se le llama a mediar.

Negociación en Grupos

La práctica de negociar entre grupos es mucho más común que la mediación. En negociaciones complejas que involucran a un gran número de delegaciones, las negociaciones más importantes suelen ocurrir entre representantes de grupos. A veces, especialmente en la fase final de una conferencia, los representantes se reúnen solos; sin embargo, no es inusual que todo el grupo esté presente junto a su portavoz designado, aunque esta persona sea la única que hable.

Si los delegados miembros del grupo están presentes durante la negociación entre portavoces, estos pueden consultarlos informalmente, pero los principales beneficios son:

- Los miembros del grupo pueden ver que su portavoz representa hábilmente y de manera adecuada las opiniones del grupo. En el improbable caso de que estén insatisfechos, conocerán todos los detalles de lo ocurrido.
- Pueden presenciar todo lo que se dice y hace en las negociaciones, desarrollando una comprensión que sería difícil de adquirir únicamente a través de informes.

- Al monitorear las negociaciones finales de esta manera, desarrollan un sentido de pertenencia al resultado y se sienten más cómodos cuando llegue el momento de participar individualmente en una decisión colectiva de la conferencia.

Este enfoque tiene muchas ventajas evidentes. Una es que, sobre todo en una conferencia grande, es mucho más sencillo y rápido que una negociación en la que participan todos. De hecho, muchas conferencias no podrían alcanzar un resultado en el tiempo disponible si cada delegación participara en las negociaciones finales. Además, dado que cada grupo probablemente seleccione al negociador más capacitado disponible, cada delegación sabe que sus intereses están probablemente mejor representados de lo que podrían hacerlo por sí mismos.

Sin embargo, desarrollar objetivos comunes, posiciones y estrategias de negociación requiere un alto nivel de consulta y, a menudo, negociación dentro del grupo. Es común que los grupos celebren reuniones largas y, a veces, acaloradas para resolver diferencias. Cuando el grupo es grande, a menudo pide a un comité de redacción más pequeño que haga el trabajo detallado y presente propuestas.

Desafortunadamente, desde la perspectiva de aquellos (especialmente países más pequeños o en desarrollo) que tienen grandes expectativas sobre la cooperación internacional, las posiciones de los grupos tienden a ser más rígidas que las que propondrían delegaciones individuales. Esto ocurre por dos factores:

Uno de estos es intrínseco al proceso de la toma de decisiones en los comités. En muchos comités, a cada participante le resulta sencillo insistir en lo que no aceptará, y el comité tiene pocas opciones más que aceptar esa limitación. Por el contrario, si un participante desea impulsar una propuesta, enfrenta una ardua tarea para que otros miembros del grupo estén de acuerdo con la propuesta. A menudo hay que realizar negociaciones dentro del grupo, y los resultados alcanzados representan compromisos que reducen considerablemente la libertad de negociación de quienes llevan esas propuestas a la siguiente etapa de la negociación, es decir, la negociación con representantes de otros grupos.

Negociar en este sistema puede liberar a las delegaciones pequeñas de algunas de las cargas que de otro modo recaerían sobre ellas; sin embargo, no las libera de otras responsabilidades. Su reto consiste en encontrar un equilibrio adecuado entre sus objetivos individuales o nacionales en asuntos específicos y el deseo de sus gobiernos de mostrar solidaridad con el grupo.

La otra dificultad es que un negociador que representa a un grupo es responsable ante los miembros individuales de ese grupo. Puede ser criticado o enfrentarse a obstáculos por parte de los miembros del grupo si lo consideran demasiado aventurero o si creen que no está aprovechando las oportunidades con rapidez suficiente, entre otros aspectos.

El sistema impone grandes responsabilidades a los portavoces del grupo. No solo cargan con los intereses de todo el grupo, negociando por asuntos de gran importancia, sino que también deben asegurarse de representar correctamente las opiniones del grupo. Uno de sus desafíos consiste en medir hasta dónde pueden llegar y, al mismo tiempo, mantener el apoyo de su comunidad, o del grupo al que representan.

El portavoz de un grupo también debe contar con un sistema para comunicarse rápidamente con los miembros del grupo a medida que los acontecimientos evolucionan. Algunos utilizan un equipo de "mensajeros" para dispersarse entre los delegados.

A veces, los grupos operan en dos niveles: los grupos constituyentes (por ejemplo, el Grupo Árabe dentro del G-77 o el Grupo Nórdico dentro de la UE) desarrollan posiciones y, en ocasiones, nombran representantes que puedan negociar en nombre del grupo constituyente dentro de un grupo más amplio. Los grupos constituyentes también pueden desempeñar un papel en la difusión de información desde el portavoz general del grupo.

En las conferencias del Modelo ONU, rara vez se exploran las negociaciones grupales. La mayoría de los delegados están tan concentrados en preparar la posición de su propio país sobre un tema en particular que a menudo tienen poco tiempo para explorar la posición que podría tomar un grupo político sobre el mismo tema. Si se redujera la cantidad de temas que se cubren en el breve lapso de la conferencia, se podría dedicar más tiempo al proceso de negociación y a explorar la naturaleza de las negociaciones grupales.

Grupos de Estados Miembros

Los Estados Miembros están organizados en grupos formales e informales con una variedad de propósitos y membresías diferentes. La lista a continuación no es exhaustiva y se centra en los tipos de grupos relevantes y activos en la AG.

Grupos Regionales

Como se señaló previamente en esta guía, los grupos regionales se formaron para facilitar la distribución geográfica equitativa de los asientos entre los Estados Miembros en diferentes órganos de la ONU. A la fecha, los grupos son los siguientes:

- Grupo Africano (53 Estados Miembros)
- Grupo de Asia-Pacífico (53 Estados Miembros)
- Grupo de Europa Oriental (23 Estados Miembros)
- Grupo de América Latina y el Caribe (33 Estados Miembros)
- Grupo de Europa Occidental y Otros (28 Estados Miembros + Estados Unidos como Observador).

MODELO ONU ORGANIZADO POR EL LICEO INTERNACIONAL DE FERNEY-VOLTAIRE, FRANCIA, Y ORGANIZACIONES DE LA ONU CON SEDE EN GINEBRA. FOTO: ONU / JEAN-MARC FERRÉ

Estados Unidos no es un miembro oficial de ningún grupo. Participa como observador en las reuniones del Grupo de Europa Occidental y Otros (WEOG, por sus siglas en inglés) y se le considera miembro de este grupo a efectos de votación. Turquía pertenece tanto al Grupo Asiático como al WEOG, pero para efectos de votación, únicamente se le considera parte del WEOG. La Santa Sede participa en las reuniones del WEOG como observador. Varios Estados no europeos también son parte del WEOG: entre ellos se encuentran Australia, Canadá, Israel y Nueva Zelanda.

Si bien los grupos regionales existen formalmente con fines electorales y ceremoniales, algunos de ellos también eligen coordinarse en asuntos sustantivos y/o utilizan la estructura del grupo para compartir información.

Los Presidentes de los grupos regionales rotan mensualmente. Sus nombres se pueden encontrar en el *Diario de las Naciones Unidas (https://journal.un.org/es/new-york/all).* Se invita a los Presidentes a hablar en nombre del grupo en ocasiones ceremoniales (como reuniones conmemorativas).

Grupos Políticos Principales

A continuación, se presentan los grupos que habitualmente emiten declaraciones conjuntas en las reuniones formales de la AG. No todos los miembros de estos grupos son Estados Miembros de la ONU. Están listados en orden alfabético.

GRUPO DE LOS 77 Y CHINA (G-77)

El Grupo de los 77, conocido como G-77, es una organización de países en desarrollo diseñada para promover los intereses económicos colectivos de sus miembros y crear una capacidad de negociación conjunta mejorada en la ONU. Lo componen aproximadamente 130 miembros. La presidencia rota cada año a partir del 1 de enero. En la AG, el G-77 coordina cuestiones relacionadas con los temas del Segundo Comité (económico y financiero), el Quinto Comité (administrativo y presupuestario), algunos temas del Tercer Comité (social, humanitario y cultural), así como ítems de la Plenaria relacionados con cuestiones económicas y de desarrollo. El G-77 mantiene oficinas permanentes en la ONU.

Sitio web: *www.g77.org.*

Movimiento de países no alineados (MNOAL)

El Movimiento de Países No Alineados (MNOAL) es un grupo de Estados que no se consideran alineados formalmente con ningún bloque de poder importante. El MNOAL cuenta con aproximadamente 120 miembros y 18 observadores. Las cumbres del MNOAL se celebran cada tres años. El país anfitrión de la cumbre es automáticamente el Presidente hasta la siguiente cumbre. La "Troika del MNOAL" está compuesta por el Presidente actual, el anterior y el próximo. En la AG, el grupo coordina una variedad de temas, incluidos los del Primer Comité (desarme y seguridad internacional), Cuarto Comité (descolonización), Sexto Comité (jurídico) y algunos temas del Tercer Comité (social, humanitario y cultural). La Misión Permanente del Presidente del MNOAL es el punto focal para todas las comunicaciones con el grupo.

Comité de coordinación conjunto (JCC)

El JCC es un mecanismo de coordinación y armonización para el MNOAL y el G-77, que refuerza la cooperación y evita la duplicación innecesaria de trabajo entre los dos. Las declaraciones conjuntas del MNOAL y el G-77 pueden emitirse en nombre del JCC.

Unión europea (UE)

La Unión Europea (UE) es una unión económica y política entre 28 países europeos. La UE tiene su propio servicio diplomático y una oficina permanente, la Delegación de la Unión Europea, en Nueva York. La UE tiene un estatus de observador mejorado en la AG y coordina en todo el rango de actividades de la ONU. La presidencia de la UE rota cada seis meses.

https://european-union.europa.eu/es

Unión africana (UA)

La Unión Africana tiene 53 miembros. La UA tiene estatus de observador y mantiene una oficina permanente en Nueva York. La UA y el Grupo Africano trabajan en estrecha colaboración en los asuntos de la AG. La Delegación de la UA en Nueva York proporciona instalaciones para conferencias al Grupo de Estados Africanos. Generalmente, es el Grupo Africano quien habla en la AG, no la UA.

https://au.int/es

Alianza de pequeños estados insulares (AOSIS)

AOSIS es una alianza de 42 pequeños estados insulares y países costeros de baja altitud. Su presidencia rota cada tres años.

www.aosis.org

ASEAN

La Asociación de Naciones del Sudeste Asiático (ASEAN) tiene diez miembros. La Presidencia rota anualmente.

https://asean.org/

CAN Z

En ciertos temas, Canadá, Australia y Nueva Zelanda coordinan sus posiciones y pueden autorizar a uno de ellos para hablar o negociar en nombre de los tres.

CARICOM

La Comunidad del Caribe (CARICOM) es una organización de 15 naciones caribeñas y dependencias. Su presidencia rota trimestralmente entre sus miembros. CARICOM tiene estatus de observador y mantiene una oficina permanente en Nueva York.

www.caricom.org

PAÍSES MENOS DESARROLLADOS (PMD)

Los PMD son un grupo de países cuya membresía se basa en un conjunto de criterios definidos por la AG. Actualmente, hay 48 PMD. La presidencia del grupo rota cada tres años.

PAÍSES EN DESARROLLO SIN LITORAL (PDSL)

Hay 22 PDL. La situación especial de los PDL está reconocida por la AG. La presidencia rota cada dos años.

https://www.un.org/es/landlocked

LIGA DE ESTADOS ÁRABES

La Liga de Estados Árabes (a veces llamada "la Liga Árabe") es una organización regional. Tiene 22 miembros y cuatro observadores. Su presidencia rota mensualmente. La Liga de Estados Árabes coordina en temas del Cuarto Comité (descolonización) y sobre asuntos del Oriente Medio.

La Liga tiene estatus de observador y mantiene una oficina permanente en Nueva York.

www.arableagueonline.org

CONSEJO NÓRDICO

El Consejo Nórdico agrupa a Dinamarca, Finlandia, Islandia, Noruega y Suecia, así como a tres áreas autónomas. Su presidencia rota anualmente.

www.norden.org

ORGANIZACIÓN DE COOPERACIÓN ISLÁMICA (OCI)

La OCI es una organización con 57 Estados Miembros. El país anfitrión de la Cumbre Islámica asume la presidencia de la organización por tres años. La OCI tiene estatus de observador y mantiene una oficina permanente en Nueva York.

www.oic-oci.org

FORO DE LAS ISLAS DEL PACÍFICO (FIP)

El Foro de las Islas del Pacífico es un grupo político de 16 Estados independientes y autónomos. El país anfitrión del Foro anual también asume la presidencia durante el año siguiente.

https://forumsec.org/

GRUPO RÍO

El Grupo Río es una organización de 23 Estados de América Latina y el Caribe. El Estado Miembro que alberga la cumbre del Grupo de Río también es presidente por los dos años siguientes hasta la próxima cumbre.

Otros Grupos

JUSCANZ es un grupo informal de Estados Miembros que originalmente consistía en Japón, Estados Unidos, Canadá, Australia y Nueva Zelanda. El grupo se ha expandido e incluye otros países que no pertenecen al G-77, al MNOAL o a la UE. JUSCANZ coordina principalmente en los temas del Segundo Comité (económico y financiero) y el Tercero (social, humanitario y cultural). La membresía y el alcance de coordinación difieren entre ambos comités.

El término "Grupos Principales" se usa en el contexto del Desarrollo Sostenible para referirse a organizaciones de la sociedad civil. Hay nueve sectores principales: Empresas e industria, Niños y jóvenes, Agricultores, Pueblos indígenas, Autoridades locales, ONG, Comunidad científica y tecnológica, Mujeres, y Trabajadores y sindicatos.

www.un.org/esa/dsd/

HABLAR EN UNA CONFERENCIA

Una conferencia internacional es, ante todo, un ejercicio de comunicación entre personas de diversas nacionalidades. Comunicarse de manera efectiva a través de profundas diferencias de idioma, cultura, personalidad, formación profesional y contexto social, experiencia, entre otros factores, resulta una tarea extremadamente difícil.

Aquellos que comprenden la magnitud de este desafío saben que deben prestar atención a cada componente de la comunicación oral (y escrita) y recono-

PARTICIPANTES DEL MODELO ONU EN LA SALA DE LA ASAMBLEA GENERAL. FOTO: ONU / LOEY FELIPE

cen el valor de esforzarse continuamente por mejorar su desempeño en cada aspecto de esta habilidad compleja.

Por supuesto que es fundamental dirigirse a la Presidencia con su título correcto, tal como se indica en los documentos de la conferencia.

Leer un texto frente a una audiencia puede resultar monótono y poco atractivo. En una conferencia internacional, los delegados suelen hablar a partir de un texto preparado. El desafío consiste en disimular este hecho y evitar una presentación que sea aburrida o que desconecte al público.

Todo lo que los delegados digan debe estar cuidadosamente planificado y, a menudo, debe haber sido discutido previamente con otras delegaciones antes de tomar la palabra.

En el Debate General (y en la sesión de clausura) de una conferencia grande, los delegados estarán dirigiéndose a varias audiencias al mismo tiempo. Por lo tanto, es prudente reflexionar de antemano sobre lo que la declaración en el Debate General comunicará a cada una de estas audiencias.

Cambio de audiencia y sensibilidad cultural

Durante el Debate General (y en el cierre de jornada) de la AG, la atención mundial recae sobre los Jefes de Estado u otros representantes destacados de un Estado Miembro. Los medios de comunicación internacionales están presentes, y (el Departamento de Comunicación Global de la ONU transmite las sesiones por Internet). Además, puede haber una amplia presencia de observadores de organizaciones no gubernamentales que informan a través de sus propios canales. También se distribuye una versión impresa del discurso del Debate General. Por lo tanto, los oradores se dirigen a varias audiencias simultáneamente, quienes pueden recibir su mensaje a través de diversos canales, tanto directos como indirectos.

Los oradores en el Debate General deben considerar lo que su declaración transmitirá a cada una de estas audiencias. En parte debido a la delicadeza de este equilibrio, los discursos del Debate General suelen redactarse con mucho cuidado. Las reuniones internacionales prominentes, como el Debate General de la AG, son plataformas importantes que los gobiernos utilizan para comunicar a sus propias poblaciones que cuentan con el respeto de otros gobiernos, que están comprometidos con causas nobles, que apoyan los intereses y principios nacionales y que están limitados por factores externos que escapan a su control y que les impiden satisfacer plenamente los deseos de su pueblo.

Como resultado inevitable, se destina parte del tiempo a hablarle a la audiencia nacional del orador y a otros grupos de interés específicos para su gobierno, incluso si esto resulta menos pertinente para la reunión.

A medida que la sesión de la AG avanza más allá del Debate General, la intensidad de la cobertura mediática disminuye drásticamente. En la etapa de los comités, el público y los observadores suelen estar excluidos o, al menos, son menos numerosos. Cuando la discusión y la negociación se trasladan a los pasillos y salas de reuniones, no hay registro público, y los únicos "oídos" presentes son los de los participantes en ese encuentro particular. A través de esta progresión, la audiencia a la que efectivamente se dirigen los delegados se reduce considerablemente.

Sin embargo, incluso cuando el público y otras audiencias externas ya no son prominentes, los delegados siguen dirigiéndose a una audiencia heterogénea. Por ejemplo, durante una negociación, cualquier declaración que haga una delegación será escuchada simultáneamente por quienes comparten sus puntos de vista, por quienes tienen opiniones opuestas y por los indecisos. En consecuencia, las delegaciones deben considerar el efecto de sus comentarios en estas tres preguntas:

- ¿Animará a quienes apoyan sus puntos de vista a mantener ese apoyo y confianza?
- ¿Persuadirá a los indecisos?
- ¿Disuadirá, desalentará o persuadirá a aquellos que promueven opiniones diferentes?

Los delegados del Modelo ONU también deben tomar en cuenta a las audiencias a las que se dirigen y el impacto que tendrán sus declaraciones en las negociaciones con otros delegados.

Sensibilidad cultural

Los delegados que representan a sus países en reuniones de la ONU nunca deben olvidar que provienen de culturas muy diferentes. Muchas cosas que son parte normal de los intercambios en su cultura nacional pueden resultar inapropiadas en una conferencia internacional, generar malentendidos y provocar ofensas no intencionadas.

En las conferencias del Modelo ONU, los delegados representan a países que quizás desconocen. Una de las ventajas de participar en un Modelo ONU es la exposición a otras culturas y la oportunidad de conocer y entablar amistades con estudiantes de otros países. Esta experiencia, idealmente, fomenta una mayor conciencia de las sensibilidades culturales.

Interacción con la audiencia

Cuando escuchamos la radio, muchas veces podemos identificar cuando un texto está siendo leído. Suele sonar monótono y poco interesante. En una conferencia internacional, los delegados suelen hablar desde un texto preparado. El desafío es disimular ese hecho y evitar una presentación tediosa o poco comprometida.

Parte de la solución consiste en establecer contacto visual con tu audiencia o, al menos, si no puedes mirar a otros delegados a los ojos, mirar al Presidente directamente. Combina miradas deliberadas con pausas significativas para hacer que tu declaración sea más atractiva. Piensa también en qué palabras enfatizar, tanto para ayudar a que los oyentes comprendan lo que estás diciendo como para subrayar palabras importantes.

Algunos delegados se vuelven muy hábiles en memorizar sus discursos y presentarlos con una aparente espontaneidad; otros perfeccionan la habilidad de leer sin dar señales de que lo están haciendo, ni en su voz ni en sus movimientos.

Ritmo

Los oradores públicos sin experiencia tienden a hablar demasiado rápido. Esto es particularmente inconveniente en conferencias internacionales. Las intervenciones deben ser mucho más lentas y con pausas más largas que en una conversación normal.

Los delegados buscan mantener la atención de sus oyentes, y una presentación demasiado rápida hará que muchos "se desconecten". Algunos oyentes podrían estar escuchando en un idioma que no es su lengua materna. Comprenderán mejor si no hablas demasiado rápido.

Las pausas adecuadas también son importantes por las mismas razones. Ayudan a la comprensión, especialmente por los hablantes no nativos de la lengua que se está utilizando y también para ayudar a todos a entender al delegado si la lengua que está utilizando no es nativa para los oyentes.

Es preferible acortar una declaración, incluso si esto implica omitir elementos importantes, antes que hablar tan rápido que lo que digas no sea entendido.

En reuniones informales, puedes hablar un poco más rápido, pero no olvides que ser entendido requiere pausas y un ritmo adecuado en el discurso.

Emoción

Para captar la atención de una audiencia, es fundamental demostrar que tus palabras te involucran. El sentimiento que transmite un mensaje de manera más efectiva y que mejor resuena es la sinceridad. Si logras comunicar sinceridad, esto ayudará a que tu mensaje supere las barreras culturales y divisiones políticas.

Una emoción que resulta incluso más fácil de transmitir a través de las diferencias culturales, pero que probablemente no lleve a un resultado constructivo, es la ira. Si un delegado da la impresión de estar enfadado o incluso simplemente irritado, corre el riesgo de alienar a la audiencia. Algunos pueden interpretar que la persona ha perdido el control y, en consecuencia, que no está actuando racionalmente. Además, la audiencia percibirá este comportamiento temperamental como perjudicial para las posibilidades de alcanzar un acuerdo y, por ende, para los objetivos propios de la conferencia.

En un punto intermedio entre la deseable sinceridad y la autodestructiva ira, se encuentra la pasión. En casos extremos, una pasión bien controlada por una causa (que otros puedan identificar como válida) puede ser un activo importante en las intervenciones de una conferencia. Sin embargo, si se manifiesta con demasiada frecuencia, por causas que no lo justifican, o si no se equilibra con un sentido de realismo y una disposición a considerar las preocupaciones de los demás, rápidamente se convierte en un aspecto negativo, dificultando la capacidad de influir en la conferencia.

Son los demás delegados quienes juzgarán, en función de sus propias simpatías y valores, si has cruzado esos límites. En conclusión, la pasión puede inspirar tus acciones, pero en la mayoría de las situaciones es preferible disimularla.

Formalidad

Como se señaló anteriormente, los requisitos esenciales son la dignidad (ya que un delegado representa a toda una nación) y la conformidad con las costumbres y reglas del tipo de conferencia en la que participa (porque es lo que la audiencia generalmente espera y está preparada para aceptar; además, es una muestra de respeto hacia la audiencia). El nivel de formalidad en una conferencia varía a medida que esta avanza: las ceremonias de apertura y cierre, así como el Debate General, tienden a ser los momentos más formales, mientras que la etapa de los comités suele ser menos formal que una sesión plenaria, y las reuniones en grupos pequeños tienden a ser aún menos formales. Esto se aplica tanto al estilo de los discursos como a otros aspectos.

Sin embargo, hay algo constante: la cortesía tradicional. Esto implica mostrar respeto en todo momento hacia las demás delegaciones, tanto como individuos como hacia los gobiernos, los Estados, las naciones y las causas que representan.

Formas de dirigirse a las autoridades y otros interlocutores

Naturalmente, es importante dirigirse a la presidencia utilizando el título correcto, tal como se establece en los documentos de la conferencia. En los comités de conferencias formales grandes, los títulos suelen ser "Señor Presidente" o "Señora Presidenta".

Dado que la presidencia te "ha cedido" el uso de la palabra, las primeras palabras que la mayoría de los delegados pronuncian son: "Gracias, Señor Presidente" o "Gracias, Señora Presidenta, por darme la palabra". Posteriormente, es habitual comenzar la primera frase mencionando nuevamente a quien se dirige, en este caso, "Señor Presidente" o "Señora Presidenta". Estas expresiones pueden intercalarse a lo largo de la declaración para marcar párrafos o enfatizar puntos específicos (por ejemplo: "Mi delegación nunca, Señor Presidente, abandonará...").

DIRIGIÉNDOSE A OTROS INTERLOCUTORES

La presidencia personifica al comité, por lo que es común y ampliamente entendido que, al dirigirse a la presidencia, en realidad te estás dirigiendo al comité en su conjunto.

Sin embargo, si deseas dirigir tus comentarios a otra delegación, a un grupo limitado de delegaciones o incluso a otra entidad, como la Secretaría, la convención dicta que debes hacerlo de manera indirecta, siempre dirigiendo tus palabras a la presidencia.

En el debate formal, se habla de otros en tercera persona. Aunque no se les hable directamente, comprenderán que el mensaje es para ellos. Esto es similar a la tradición en varios idiomas europeos de usar la tercera persona como la manera más formal y respetuosa de dirigirse a alguien (por ejemplo, el "Usted" en español, el "Vous" en francés, el "Sie" en alemán y expresiones formales en inglés como "Your Excellency, Lordship", (Su Excelencia, su Señoría)). En las conferencias más formales, como la Asamblea General o la Conferencia de Desarme, es tradición referirse a los demás exclusivamente como "el distinguido representante de [nombre del país]". Omitir la palabra "distinguido" sería un error significativo y posiblemente una ofensa deliberada.

El uso correcto de estas formas de dirigirse a los demás es la manera más básica de demostrar respeto hacia la conferencia y hacia los demás delegados.

Preparación, propósito y estructura

Preparación

Todo lo que un delegado dice debe ser premeditado y, en la medida de lo posible, discutido previamente con otras delegaciones antes de tomar la palabra.

Si un delegado hace un comentario que requiere respuesta, no es necesario levantar la placa de inmediato. Se recomienda tomarse el tiempo necesario para preparar la respuesta, consultando, si es útil, con otras delegaciones antes de solicitar la palabra. Cada delegación tiene derecho a responder, pero debe recordarse que, si decides ejercer este derecho, tendrás que esperar al final de la lista de oradores.

La necesidad de una cuidadosa premeditación implica, siempre que sea posible, escribir las palabras exactas que se planean usar o al menos los encabezados y frases clave. También puede ser útil compartir una copia con delegaciones seleccionadas para aumentar las posibilidades de que tu mensaje sea bien entendido.

Propósito

Cada intervención tendrá un impacto en el debate general: avanzará, ralentizará, dirigirá en una dirección o desviará en otra, influyendo así en el resultado de la conferencia. Por lo tanto, es fundamental reflexionar sobre qué se logrará al hablar en un momento dado. A menudo, la decisión de no hablar puede ser la manera más efectiva de impulsar tus objetivos.

Si decides hablar, es esencial tener claridad sobre el propósito y el efecto probable de la intervención. Pregúntate:

- ¿Qué intento lograr con esta declaración?
- ¿Qué quiero evitar?
- ¿Mis palabras pueden ser malinterpretadas, causar ofensa o ser tergiversadas de forma que perjudiquen mis objetivos?

La transición entre debate y negociación es fluida. El debate es discusión, l a negociación es un esfuerzo conjunto para desarrollar un texto que pueda ser acordado y que incorpore tus objetivos en la medida de lo posible.

El debate puede:

- Tener los mismos objetivos que la negociación
- Preparar el camino para la negociación
- Fusionarse con la negociación

La negociación puede:

- Tener lugar en entornos formales o informales
- Estar sujeta a las mismas reglas que el debate
- Dirigirse a la misma audiencia que en el debate

Por lo tanto, la distinción entre ambos es solo una cuestión de forma, pero no por ello menos importante.

Estructura

Las intervenciones son más fáciles de entender y más persuasivas si tienen una estructura clara. Esto implica atender factores como la relación entre el inicio, el desarrollo y el cierre de lo que dices; cómo se desarrollan tus ideas o argumentos; la secuencia de puntos; y el equilibrio entre diferentes puntos.

Un método probado para desarrollar un argumento incluye:

- Avanzar paso a paso.
- Introducir nuevas ideas una a la vez.
- Partir de ideas familiares y ampliamente aceptadas.
- Relacionar las nuevas ideas con ese punto de referencia (es decir, mostrar su coherencia o la necesidad de desviarse).
- Presentar propuestas como contribuciones hacia un objetivo común.
- Referirse a principios solo cuando sean universalmente aceptados.
- Ser lo más específico y concreto posible.
- Prevenir extensiones no deseadas de tu propuesta.

RECURSOS

EL MODELO INTERNACIONAL DE LA ONU SE LLEVA A CABO EN GINEBRA. FOTO: ONU / PIERRE ALBOUY

Esta sección incluye enlaces a otras fuentes de información útiles para la preparación de una conferencia del Modelo ONU.

Aquí también puedes acceder a enlaces complementarios a recursos.

Información General Sobre las Naciones Unidas

Sitio Web del Modelo ONU: *www.un.org/es/mun*

The Essential UN, 2E, https://shop.un.org/books/essential-un-2nd-edition-26845

Datos Básicos sobre la ONU: *https://www.un-ilibrary.org/content/books/9789210584906*

Publicaciones de las Naciones Unidas: *https://shop.un.org/es*

Biblioteca Virtual de la ONU (*United Nations i-Library*): *www.un-ilibrary.org*

Biblioteca Dag Hammarskjöld y Guías de Investigación: *https://research.un.org/es*

Carta de las Naciones Unidas: *https://www.un.org/es/about-us/un-charter*

Asamblea General de las Naciones Unidas

Asamblea General (AG): *https://www.un.org/es/ga/*

Resoluciones de la AG: *https://research.un.org/en/docs/ga/quick/regular/80*

Reglas de Procedimiento de las AG: *https://www.un.org/es/ga/about/ropga/*

El Manual de la AG: *The GA Handbook (A practical guide to the UNGA): https://www.mission-newyork.fdfa.admin.ch/en/ga-handbook*

Consejo de Seguridad de las Naciones Unidas

Consejo de Seguridad (CS): *https://main.un.org/securitycouncil/es*

Resoluciones del CS: *www.un.org/securitycouncil/content/resolutions*

Reglamento Provisional: *https://main.un.org/securitycouncil/en/content/provisional-rules-procedure*

Manual sobre los Métodos de Trabajo:

https://main.un.org/securitycouncil/es/content/working-methods-handbook

Documentos de las Naciones Unidas

Visión General de los Documentos de la ONU: *https://research.un.org/es/docs*

Cómo Encontrar Documentos de la ONU: *https://research.un.org/es/docs/find*

Símbolos de los Documentos de la ONU: *https://research.un.org/en/docs/symbols*

Otros Recursos en Línea

UN iLibrary: *https://www.un-ilibrary.org/*

Sistema de Archivos de Documentos: *https://documents.un.org/* (pantalla de búsqueda avanzada) o *https://www.un.org/es/our-work/documents*

Estados Miembros de la ONU de manera oficial: *https://www.un.org/es/about-us/member-states*

Comunicados de Prensa: *www.un.org/press/en*

Diario de la ONU: *https://journal.un.org/es/new-york*

La Base de Datos Terminológica de la ONU (UNTERM): *https://unterm.un.org/unterm2/es/*

Biblioteca Digital UN-I-QUE: *https://digitallibrary.un.org/*

Recursos Adicionales:

El Anuario de la ONU: *https://www.un.org/en/yearbook/*

CONFERENCIA INTERNACIONAL DEL MODELO ONU PARA ESCUELAS SECUNDARIAS. FOTO: ONU / PAULO FILGUEIRAS

El sistema de las Naciones Unidas

ÓRGANOS PRINCIPALES

ASAMBLEA GENERAL

Órganos subsidiarios

- Comisiones Principales
- Comisión de Desarme
- Comisión de Derecho Internacional
- Consejo de Derechos Humanos
- Comités permanentes y órganos especiales
- Dependencia Común de Inspección (DCI)

Fondos y programas[1]

ONU-HÁBITAT[8] Programa de las Naciones Unidas para los Asentamientos Humanos

PMA Programa Mundial de Alimentos

PNUD Programa de las Naciones Unidas para el Desarrollo

- **FNUDC** Fondo de las Naciones Unidas para el Desarrollo de la Capitalización
- **VNU** Voluntarios de las Naciones Unidas

PNUMA[8] Programa de las Naciones Unidas para el Medio Ambiente

UNFPA Fondo de Población de las Naciones Unidas

UNICEF Fondo de las Naciones Unidas para la Infancia

CONSEJO DE SEGURIDAD

Órganos subsidiarios

- Comité contra el Terrorismo
- Comité de Estado Mayor
- Comités de sanciones (ad hoc)
- Comités permanentes y órganos especiales

CONSEJO ECONÓMICO Y SOCIAL

Comisiones orgánicas

- Ciencia y Tecnología para el Desarrollo
- Condición Jurídica y Social de la Mujer
- Desarrollo Social
- Estadística
- Estupefacientes
- Foro de las Naciones Unidas sobre los Bosques
- Población y Desarrollo
- Prevención del Delito y Justicia Penal

Comisiones regionales[8]

CEE Comisión Económica para Europa

CEPA Comisión Económica para África

CEPAL Comisión Económica para América Latina y el Caribe

CESPAO Comisión Económica y Social para Asia Occidental

CESPAP Comisión Económica y Social para Asia y el Pacífico

SECRETARÍA

Departamentos y oficinas[9]

OESG Oficina Ejecutiva del Secretario General

ACNUDH Oficina del Alto Comisionado de las Naciones Unidas para los Derechos Humanos

DAES Departamento de Asuntos Económicos y Sociales

DAGGC Departamento de la Asamblea General y de Gestión de Conferencias

DAO Departamento de Apoyo Operacional

DAPCP Departamento de Asuntos Políticos y de Consolidación de la Paz

DCG Departamento de Comunicación Global

DEPCG Departamento de Estrategias, Políticas y Conformidad de la Gestión

DOP Departamento de Operaciones de Paz

DS Departamento de Seguridad

OAD Oficina de Asuntos de Desarme

OAEA Oficina del Asesor Especial para África

OAJ Oficina de Asuntos Jurídicos

OARPMA Oficina del Alto Representante para los Países Menos Adelantados, los Países en Desarrollo Sin Litoral y los Pequeños Estados Insulares en Desarrollo

OCAH Oficina de Coordinación de Asuntos Humanitarios

OCD Oficina de Coordinación del Desarrollo

OFICINA del Representante Especial del Secretario General sobre la Violencia contra los Niños

OLCT Oficina de Lucha contra el Terrorismo

ONUAC[2] Oficina de las Naciones Unidas para las Asociaciones de Colaboración

ONUG Oficina de las Naciones Unidas en Ginebra

CORTE INTERNACIONAL DE JUSTICIA

CONSEJO DE ADMINISTRACIÓN FIDUCIARIA[6]

Publicado por el Departamento de Comunicación Global de las Naciones Unidas

Institutos de investigación y capacitación

UNIDIR Instituto de las Naciones Unidas de Investigación sobre el Desarme

UNITAR Instituto de las Naciones Unidas para Formación Profesional e Investigaciones

UNSSC Escuela Superior del Personal de las Naciones Unidas

UNU Universidad de las Naciones Unidas

Otros órganos

ACNUR[1] Oficina del Alto Comisionado de las Naciones Unidas para los Refugiados

CCI Centro de Comercio Internacional (UN/OMC)

ONU-Mujeres[1] Entidad de las Naciones Unidas para la Igualdad de Género y el Empoderamiento de las Mujeres

OOPS[1] Organismo de Obras Públicas y Socorro de las Naciones Unidas para los Refugiados de Palestina en el Cercano Oriente

UNCTAD[1,8] Conferencia de las Naciones Unidas sobre Comercio y Desarrollo

UNOPS[1] Oficina de las Naciones Unidas de Servicios para Proyectos

Órganos conexos

CPI Corte Penal Internacional

ISA Autoridad Internacional de los Fondos Marinos

OIEA[1,3] Organismo Internacional de Energía Atómica

OIM[1] Organización Internacional para las Migraciones

OMC[1,4] Organización Mundial del Comercio

OPAQ[3] Organización para la Prohibición de las Armas Químicas

OTPCE Comisión Preparatoria Comisión Preparatoria de la Organización del Tratado de Prohibición Completa de los Ensayos Nucleares

TIDM Tribunal Internacional del Derecho del Mar

Comisión de Consolidación de la Paz de las Naciones Unidas

FPAN Foro político de alto nivel sobre el desarrollo sostenible

- Mecanismo Residual Internacional de los Tribunales Penales
- Misiones políticas y operaciones de mantenimiento de la paz

Otros órganos[10]

- Comité de Expertos en Administración Pública
- Comité de Políticas de Desarrollo
- Comité encargado de las organizaciones no gubernamentales
- Foro Permanente para las Cuestiones Indígenas
- Grupo de Expertos de las Naciones Unidas en Nombres Geográficos

ONUSIDA Programa Conjunto de las Naciones Unidas sobre el VIH/SIDA

UNGGIM Comité de Expertos sobre la Gestión Mundial de la Información Geoespacial

Investigación y capacitación

UNICRI Instituto Interregional de las Naciones Unidas para Investigaciones sobre la Delincuencia y la Justicia

UNRISD Instituto de Investigaciones de las Naciones Unidas para el Desarrollo Social

Organismos especializados[1,5]

FAO Organización de las Naciones Unidas para la Alimentación y la Agricultura

FIDA Fondo Internacional de Desarrollo Agrícola

FMI Fondo Monetario Internacional

GRUPO DEL BANCO MUNDIAL[7]

- **AIF** Asociación Internacional de Fomento
- **BIRF** Banco Internacional de Reconstrucción y Fomento
- **CFI** Corporación Financiera Internacional

OACI Organización de Aviación Civil Internacional

OIT Organización Internacional del Trabajo

OMI Organización Marítima Internacional

OMM Organización Meteorológica Mundial

OMPI Organización Mundial de la Propiedad Intelectual

OMS Organización Mundial de la Salud

OMT Organización Mundial del Turismo

ONUDI Organización de las Naciones Unidas para el Desarrollo Industrial

UIT Unión Internacional de Telecomunicaciones

UNESCO Organización de las Naciones Unidas para la Educación, la Ciencia y la Cultura

UPU Unión Postal Universal

ONUN Oficina de las Naciones Unidas en Nairobi

ONUV Oficina de las Naciones Unidas en Viena

OSSI Oficina de Servicios de Supervisión Interna

RESG/CNCA Oficina del Representante Especial del Secretario General para la Cuestión de los Niños y los Conflictos Armados

RESG-VSC Oficina del Representante Especial del Secretario General sobre la Violencia Sexual en los Conflictos

UNDRR Secretaría Interinstitucional de la Estrategia Internacional para la Reducción de los Desastres

UNODC[1] Oficina de las Naciones Unidas contra la Droga y el Delito

Notas:

1 Miembros de la Junta de los Jefes Ejecutivos del Sistema de las Naciones Unidas para la Coordinación (JJE).
2 La Oficina de las Naciones Unidas para las Asociaciones de Colaboración (ONUAC) es la oficina de coordinación de las Naciones Unidas para la Fundación por Naciones Unidas, Inc.
3 El OIEA y el OPAQ informan al Consejo de Seguridad y a la Asamblea General.
4 La OMC no está obligada a presentar informes a la Asamblea General, pero contribuye, según las necesidades, a la labor de la Asamblea General y del Consejo Económico y Social, en cuestiones de finanzas y de desarrollo, entre otras cosas.
5 Los organismos especializados son organizaciones autónomas cuya labor es coordinada por el Consejo Económico y Social (en el plano intergubernamental) y la Junta de Jefes Ejecutivos del sistema de las Naciones Unidas para la coordinación (en el caso de las secretarías).
6 El Consejo de Administración Fiduciaria suspendió su labor el 1 de noviembre de 1994, después de que el 1 de octubre de 1994 el Territorio de las Islas del Pacífico (Palau), el único Territorio en Fideicomiso, fuera independiente.
7 El Centro Internacional de Arreglo de Diferencias Relativas a Inversiones (CIADI) y el Organismo Multilateral de Garantía de Inversiones (OMGI) no son organismos especializados, de conformidad con los Artículos 57 y 63 de la Carta, sino que forman parte del Grupo del Banco Mundial.
8 Las secretarías de estos órganos forman parte de la Secretaría de las Naciones Unidas.
9 La Secretaría también incluye las siguientes oficinas: la Oficina de Ética, la Oficina del Ombudsman y de Servicios de Mediación de las Naciones Unidas, y la Oficina de Administración de Justicia.
10 Consulte la lista completa de los órganos subsidiarios del ECOSOC en www.un.org/ecosoc/es.

Este diagrama refleja la organización funcional del sistema de las Naciones Unidas y se ha elaborado a título informativo solamente. No incluye todas las oficinas o entidades del sistema.

19-00073 — Julio de 2019